rowohlts monographien
begründet von Kurt Kusenberg
herausgegeben
von Wolfgang Müller und Uwe Naumann

Erich Kästner

mit Selbstzeugnissen
und Bilddokumenten
dargestellt von
Luiselotte Enderle

rowohlts bildmonographien

Rowohlt

Herausgeber: Kurt Kusenberg · Redaktion: Beate Möhring
Schlußredaktion: K. A. Eberle
Den Lebenslauf und die Zeugnisse besorgte die Autorin
Umschlaggestaltung: Werner Rebhuhn
Vorderseite: Unter Verwendung einer Fotografie von Stefan Moses
aus dem Jahre 1957
Rückseite: Im Jahre 1964 (Süddeutscher Verlag)

Veröffentlicht im Rowohlt Taschenbuch Verlag GmbH,
Reinbek bei Hamburg, September 1966

Gesetzt aus der Linotype-Aldus-Buchschrift
und der Palatino (D. Stempel AG)
Gesamtherstellung Clausen & Bosse, Leck
Printed in Germany
ISBN 3 499 50120 1

19. Auflage Dezember 2001

Inhalt

ZORNIGER JUNGER MANN

Zornige junge Männer gibt es in jeder Epoche. Sie sind wichtig. Vorausgesetzt, daß ihr Zorn auf die Zeit wichtig ist. Vorausgesetzt, daß er nicht nur verkapptes Selbstmitleid ist. Denn solche zornigen jungen Männer klagen nur. Die anderen klagen an.

Erich Kästner gehört zu den Anklägern. Wie zu ihrer Zeit Zola als Romancier, Daumier als Zeichner, wie in den zwanziger Jahren unseres Jahrhunderts Bert Brecht als engagierter Dramatiker, Picasso und Otto Dix als Maler und George Grosz als Graphiker.

Kästners Waffe ist die Satire. Die Waffe ist scharf. Er gebraucht sie mit Verstand, mit Präzision, mit unfehlbarer Zielsicherheit. Er zielt auf die Gegenwart und in die Zukunft.

Die Zeit liegt im Sterben. Bald wird sie begraben.
Im Osten zimmern sie schon den Sarg.
Ihr möchtet gern euren Spaß daran haben?
Ein Friedhof ist kein Lunapark.

Ein Scharfschütze wie er, der als Waffe nur den Geist und das Wort anerkennt, konnte nicht unbemerkt bleiben. Er fiel ungewöhnlich auf. Die Schar derer, die seinen ersten Gedichtband *Herz auf Taille* lasen, der 1928 herauskam, teilte sich sogleich in zwei Lager: in leidenschaftliche Freunde und in leidenschaftliche Feinde. Wie sehr die Zahl seiner Freunde zunahm, war an der hochschnellenden Auflageziffer der ersten vier Gedichtbände zu ermessen. Sie war außerordentlich. Wie sehr die Zahl seiner Feinde zugenommen hatte, erwies sich 1933. Sie war überwältigend. Kästner meditierte:

Auch die Moral hat ihr Gesetz der Schwere.
Der schlechte Mensch kommt hoch, der gute fällt.

Die, welche Kästner bekämpft hatten, blieben Sieger. Auch sie fühlten sich als «zornige junge Männer». Doch ihr Zorn war Vernichtungswille für eigennützige Ziele. Daß sie schließlich sich selbst vernichteten, war das ungewollte Ziel, das sie erreichten. Kästner hatte ihren Schwanengesang schon geschrieben, ehe sie, 1933, den Marsch in ihre «glorreiche Zukunft» begannen:

Ihr wollt die Uhrenzeiger rückwärts drehen
und glaubt, das ändere der Zeiten Lauf.
Dreht an der Uhr! Die Zeit hält keiner auf!
Nur eure Uhr wird nicht mehr richtig gehen.

Wie ihr's euch träumt, wird Deutschland nicht erwachen.
Denn ihr seid dumm und seid nicht auserwählt.
Die Zeit wird kommen, da man sich erzählt:
Mit diesen Leuten war kein Staat zu machen!

«Seit Kästner liest man wieder Gedichte!» schrieb ein Kritiker enthusiastisch. Das war ungewöhnlich genug für diese unromantische Zeit. Doch Kästner hatte sich für seine Anklagen eine besondere Form gesucht. *Gebrauchslyrik* nannte er diese satirischen Verse, für gleich- und andersdenkende Zeitgenossen vorm Einschlafen des Gewissens zu lesen: *Ich will nicht schwindeln. Ich werde nicht schwindeln. / Die Zeit ist schwarz. Ich mach euch nichts weis.* Seine Freunde glaubten ihm. Und die Zeit, die unerbittliche, gab ihm recht. «Er möge wirken, bis er selber im Unrecht ist; das wäre sein schönster Traum», schrieb Kurt Pinthus über *Herz auf Taille.*

Satiriker sind keine Träumer, sondern Ärzte. Wie ein Arzt saß und sitzt Kästner als Kritiker seiner Zeit neben ihr, fühlt den Puls und schreibt Bulletins über ihren Gesundheitszustand. Der Patient «Zeit» ist krank. Man darf es nicht verschweigen. Kästner sprach und spricht es schonungslos aus.

«Herr Kästner, wo bleibt das Positive?», so schrien und schrieben die, welche die Wahrheit, diese bittere Medizin, nur schlucken, wenn sie dick mit Zucker übergossen und in Oblaten verpackt ist.

Als man ihn so fragte, hatte Kästner die Antwort bereits gegeben. Er war, ein halbes Jahr nach dem Erscheinen von *Herz auf Taille,* mit einem neuen Buch unterm Arm wieder vor die Öffentlichkeit getreten. Es hieß *Emil und die Detektive.* Es war ein Kinderbuch.

Erich Kästner hatte seine Leserschaft schnell und genau erkannt. Als einer, der es ernst nimmt mit dem, was er zu sagen hat, schaute er seinem Publikum «auf die Ohren». Deshalb wendete er sich auch an die Kinder. Denn sie sind hellhörig. Ihr Gewissen ist noch nicht korrumpiert. Ihnen dieses reine Gewissen bewahren zu helfen, gehört zu den großen Aufgaben der Erzieher und Lehrer.

Kästner wollte einmal Lehrer werden. Er wurde Schriftsteller, aber seine pädagogische Aufgabe hat er nicht vergessen. Er blieb, auch als Schriftsteller, ein Magister. Erst recht, weil er mehr zu lehren wußte als die bittere Erkenntnis, die scharfe Kritik, den drohenden Ernst und den Zorn des Satirikers, nämlich auch die Lustigkeit, die Verspieltheit, den heiteren Ernst, den Humor und die Zärtlichkeit eines Mannes, der ein Kind geblieben ist.

Sich der Kindheit wahrhaft zu erinnern, das heißt: plötzlich und ohne langes Überlegen wieder wissen, was echt und falsch, was gut und böse ist. Die meisten vergessen ihre Kindheit wie einen Schirm und lassen sie irgendwo in der Vergangenheit stehen. Und doch können nicht vierzig, nicht fünfzig Jahre des Lernens und Erfahrens den seelischen Feingehalt des ersten Jahrzehnts aufwiegen. Die Kindheit ist unser Leuchtturm. Der satirische Autor der Gedichtbände *Herz auf Taille, Lärm im Spiegel, Ein Mann gibt Auskunft, Gesang zwischen den Stühlen* und des *Fabian* trat mit seinen Kinderbüchern zu den Unerfahrenen, Unverdorbenen, wie ein großer Liebender. Er schrieb für die Kinder *Emil und die Detektive, Pünktchen und Anton, Das fliegende Klassenzimmer, Das doppelte Lottchen* und andere Bücher, die in mehr als zwei Dutzend Sprachen übersetzt und international so bekannt und beliebt wurden, daß man sie in fremden Ländern sogleich in Schulen und Universitäten zu Lehrbüchern der deutschen Sprache machte.

In der *Ansprache zum Schulbeginn* schrieb Kästner liebevoll warnend sein großes Anliegen nieder:

Laßt euch die Kindheit nicht austreiben!

Es ist ein Unterschied, ob jemand als Sohn eines Arztes oder als Sohn eines Sattlers erzogen wird. Es ist ein Unterschied, ob ein Kind in einem Ort wie Döbeln aufwächst oder in einer der schönsten Städte Europas, in Dresden. Der Charakter, die Talente sind ihm mitgegeben. Das Milieu, in dem es aufwächst, kann das Kind lähmen oder beschwingen. Deshalb war ein Telegramm, das der Sattlermeister Emil Kästner in Döbeln von seinem Onkel Riedel bekam, von großer Bedeutung. Es änderte Erich Kästners Leben, noch ehe er geboren wurde. Onkel Riedel war der einzige interessante Verwandte aus der Familie Kästner. Er hatte als gelernter Zimmermann und Mann vom Bau entdeckt, von welcher Bedeutung die Erfindung des Flaschenzuges für die Rationalisierung des Bauwesens sein konnte. Vom mißglückten Turmbau zu Babel bis zu Riedels Großeinsatz des Flaschenzuges waren es einige zehntausend Jahre – und ein Gedankensprung. Onkel Riedel wurde durch diesen Gedankensprung ein angesehener Unternehmer und ein wohlhabender Mann. Als er erfuhr, daß der Neffe Emil in Döbeln das Sattlergeschäft schließen mußte, weil seine Arbeit zu kunstvoll und zu haltbar war, um ihn zu erhalten, suchte er für ihn eine neue Verdienstmöglichkeit. Die Existenz des selbständigen Handwerkers stand für Onkel Riedel längst auf tönernen Füßen. Die Zukunft gehörte der Fabrik.

So kam das junge Ehepaar Ida und Emil Kästner, noch kinderlos, 1895 nach Dresden. Emil Kästner fand Arbeit in einer Kofferfabrik.

Wenn es zutreffen sollte, daß ich nicht nur weiß, was schlimm und

Dresden, um 1900. Gemälde von Jacques Schenker

häßlich, sondern auch was schön ist, so verdanke ich diese Gabe dem Glück, in Dresden aufgewachsen zu sein, schreibt Erich Kästner in seiner Autobiographie *Als ich ein kleiner Junge war*. *Ich mußte, was schön ist, nicht erst aus Büchern lernen. Nicht in der Schule, nicht auf der Universität. Ich durfte die Schönheit einatmen, wie Försterkinder die Waldluft. Die katholische Hofkirche, der Zwinger, das Pillnitzer Schloß ... und gar, von der Loschwitzhöhe aus, der Blick auf die Silhouette der Stadt mit ihren edlen, ehrwürdigen Türmen ... Ja, Dresden war eine wunderbare Stadt.*

Der soziale Abstieg des Vaters, vom selbständigen Handwerker in Döbeln zum Facharbeiter in Lippolds Kofferfabrik, wurde eine wichtige Stufe zum Aufstieg des Sohnes. Solche fatalen Überschneidungen sollten für Erich Kästners Leben symptomatisch werden.

Der zurückhaltende, bedächtige, zuverlässige, ehrbeflissene, eigen-

sinnig-solide Emil Kästner stammte aus einer Familie, die seit Generationen mit diesen braven Eigenschaften ausgerüstet war. Ida Amalia jedoch war das Kind einer Sippe, die seit Generationen unbedingt etwas erreichen wollte. Die Augustins waren tüchtige Bäcker. Sie verdienten schon im Dreißigjährigen Krieg daran, daß die Brötchen ein bißchen zu klein gerieten. Als sie im 19. Jahrhundert ins Metzgergewerbe und den Pferdehandel überwechselten, trieb ihre Erwerbsfreudigkeit üppige Blüten. Idas Brüder, schon als Kinder die gerissensten Kaninchenhändler von Kleinpelsen bei Leisnig, wurden reiche Pferdehändler in Dresden und Döbeln. Als Ida sechzehn war, ging sie vom Dorf in die Stadt und nahm eine Stelle als Stubenmädchen an; später wurde sie Gesellschafterin einer gelähmten Dame. Ihre beiden in Döbeln verheirateten Schwestern, Emma und Lina, fanden einen jungen Mann, von Beruf Sattler, der sich selbständig machen wollte und eine Frau suchte. Bei Kaffee und Kuchen lernten sich Emil und Ida kennen. Ida hatte einen Einwand: «Aber ich liebe ihn doch nicht!» Die erfahrenen Schwestern wußten es besser. «Die Liebe kommt in der Ehe!» Man verlobte sich. Man heiratete. Die Liebe kam nie.

KINDHEIT UND SCHULE

Am 23. Februar 1899 wurde, in Dresden-Neustadt, Königsbrücker Straße 66, im vierten Stock, in einer Mansardenwohnung, Emil Erich Kästner geboren. Nach siebenjähriger Ehe.

Ida Amalia hatte, um das Haushaltsgeld aufzubessern, Heimarbeit angenommen. Sie nähte Leibbinden im Stücklohn. Diese anstrengende Beschäftigung mußte sie eines Tages unterbrechen. Statt der häßlichen Stoffpanzer für Dicke entstand nun ganz kleine, ganz zarte Wäsche, an der keine Nadel zerbrach. Endlich, so schien es ihr, hatte das Geld, das sie verdiente, Sinn. Viel mehr noch: Endlich hatte ihr Leben einen Sinn! Die Geburtsurkunde müßte lauten: «Am 23. 2. 1899 wurden Ida Amalia und Emil Erich Kästner geboren.» Aber das Leben und die Ämter registrieren verschieden.

Der Junge kam mit einem Kopf voll blonder Locken auf die Welt. So erzählte die Mutter. Den ersten Schritt in die breitere Öffentlichkeit tat er jedoch mit dunklen Locken und breiten dunklen Augenbrauen. Der Fotograf hat das überliefert: Das Baby sieht aus, als hätte es sich, zum Spaß, als Erich Kästner maskiert. Es gibt Menschen, die kommen auf die Welt und – sind sie selbst. Erich Kästner gehört zu ihnen. Seine Mutter hatte wegen der Geburt des Kindes bei der Leibbindenfirma pausiert. Man beschäftigte sie weiter. Sie bekam leichtere Korsett-Teile zu nähen. Das war eine Anerkennung für ihre gute und fleißige Arbeit. Mit Emil Kästner verband sie auch jetzt nicht mehr als ein geübtes und gewöhntes Nebeneinander. Noch immer saß sie an ihrer Nähmaschine bis Mitternacht. Bis sie, mit schmerzendem, steifem Genick und müden Händen, zu Bett ging.

Aber zwischen Bett und Nähmaschine, in einem Wäschekorb, in dem sie früher die fertigen Leibbinden sammelte, lag nun ein kleiner Junge, ihr Sohn! Von seinem ersten Atemzug an war er der Inbegriff ihrer Selbstbestätigung. Er war und blieb der einzige Mensch, den sie liebte. Er blieb der einzige Sinn ihres eigenen Lebens. Für ihn setzte sie ihre ganze Kraft ein. Der kleine Junge wußte das sehr früh. So wurde ihre große Leistung zugleich seine große Bürde.

Der Einfluß des Milieus, in dem ein Kind aufwächst, ist für das ganze Leben entscheidend. Das Kind liebt seine Umwelt, leidet unter ihr, lehnt sie ab, kritisiert sie. Nach den frühesten Erfahrungen versucht der Mensch sein späteres Leben einzurichten. Ob er für seine ersten Erfahrungen gescheit genug war, wird sich erweisen.

Kästners Werk und Leben kann man völlig auf diese ersten Milieuerfahrungen zurückführen. Von den sozialkritischen Arbeiten bis zu den Lieblingsspeisen spiegelt alles seine frühen Zuneigungen, Ablehnungen, kritischen Feststellungen und Liebhabereien.

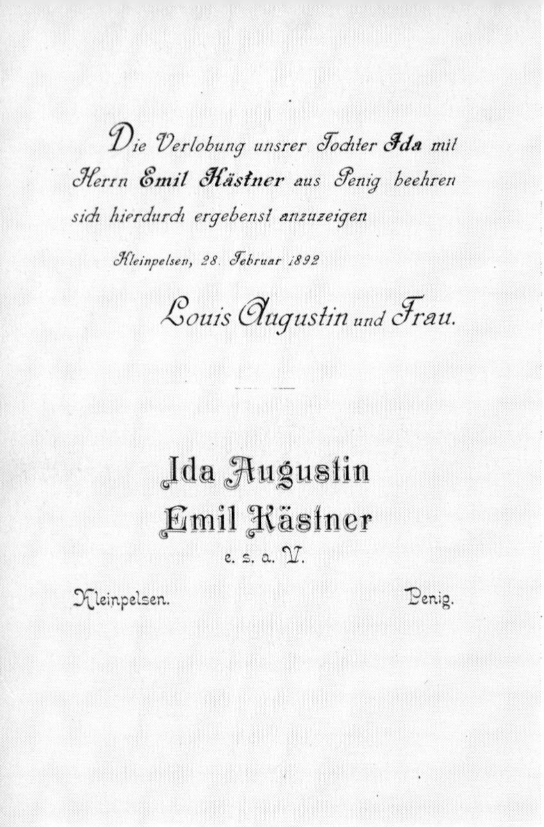
Die Verlobung unsrer Tochter **Ida** mit
Herrn **Emil Kästner** aus Penig beehren
sich hierdurch ergebenst anzuzeigen

Kleinpelsen, 28. Februar 1892

Louis Augustin und Frau.

Ida Augustin
Emil Kästner
e. s. a. V.

Kleinpelsen. Penig.

Die Verlobungsanzeige der Eltern

Den Gegensatz zwischen den Kästners und den Augustins empfand er sehr bald. Der Vater resignierte im Lebenskampf. Aber die Mutter nahm ihn, wie alle Augustins, auf. Die Augustins gefielen ihm besser. Von Idas sieben Brüdern wurden sieben sehr gute Fleischer. Sie machten so ausgezeichnete Wurst und schnitten so zarte Schnitzel, als schrieben sie Gedichte auf die Zungen ihrer Kunden. Und nebenbei versuchten sie sich im Pferdehandel. Drei Augustins wechselten ganz dazu über, Bruder Robert in Döbeln und Franz und Paul in Dresden. Sie verpachteten ihre Fleischereien und verkauften nun so erstklassige Pferde, wie sie vordem Fleisch, Wurst und Sülze verkauft hatten. Sie brachten so viel Pferdeverstand und Geschäftstüchtigkeit mit, daß sie Millionäre wurden. Nur Onkel Hugo hatte mit den Rössern kein rechtes Glück. Deshalb ließ er die Finger davon und blieb mit Leib und Seele Fleischer.

Das Doppelbild des Brautpaares.
Der Vater trug es bis zu seinem Tode an der Uhrkette

Die Brüder Franz und Paul hatten ihre schmalen, einfenstrigen Fleischerläden und ihre kleinbürgerlichen Wohnungen einander genau gegenüber in der armseligen Hechtstraße. Sie waren scharfe Konkurrenten. Aber sie gönnten einander den Erfolg. In den zwei Hinterhöfen lagen die Pferdeställe. Im Pferdehandel aber waren sie keine Konkurrenten mehr. Paul Augustin spezialisierte sich auf Kutsch-, Reit- und Rennpferde, und bald firmierte er als «Königlicher Hoflieferant». Franz kaufte und verkaufte Pferde jeder Art.

Aber der saugrobe Onkel Franz gefiel mir besser als der hochnoble Onkel Paul, den die Geschwister aus Jux Herr Baron nannten. Zwischen Onkel Franzens Knechten und Pferden fühlte ich mich wie zu Hause, erzählt Kästner.

Eines Tages kaufte dieser Onkel raunzend eine Villa am Albert-

Geburtsurkunde. **Aa.**

Nr. 475.

Dresden, am 24. Februar 1899

Vor dem unterzeichneten Standesbeamten erschien heute, der Persönlichkeit nach auf vorgelegten Trauschein anerkannt,

der Sattler Emil Richard Kästner,

wohnhaft in Dresden, Königsbrückerstraße 66,4.

evangelisch-lutherischer Religion, und zeigte an, daß von der Amalie Ida Kästner geborenen Augustin, seiner Ehefrau,

evangelisch-lutherischer Religion,

wohnhaft zu Dresden, bei ihm,

zu **Dresden**, in seiner Wohnung,

am dreiundzwanzigsten Februar des Jahres tausend achthundert neunzig und neun, Vormittags um ein viertel drei Uhr ein Kind männlichen Geschlechts geboren worden sei, welches die Vornamen

Emil Erich

erhalten habe.

Vorgelesen, genehmigt und unterschrieben

Emil Richard Kästner.

Der Standesbeamte.

In Vertretung: Adam.

Daß vorstehender Auszug mit dem Geburts-Haupt-Register des Standesamts III zu **Dresden** vom Jahre 1899 gleichlautend ist, wird hiermit bestätigt.

Dresden, am 1. März 1934.

Der Standesbeamte.

In Vertretung: Schrittl

(Siegel.)

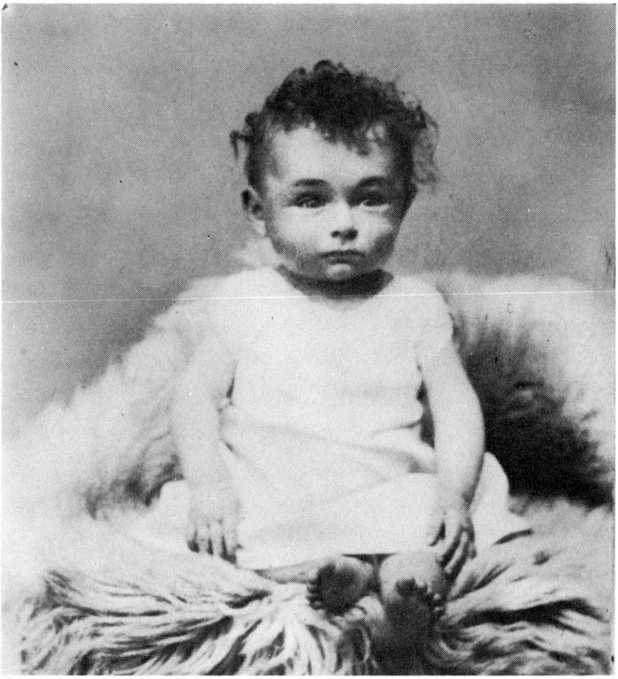

Ein halbes Jahr alt

platz. Vielleicht nur, weil er seine einzige Tochter Dora für eine künftige Ehe angemessen einrahmen wollte. Aber am Lebensstil der Familie änderte das wenig. Lina, die ergebene, gehorsame Frau, eben Erichs Tante, saß mit ihrer Tochter Dora und Frieda, der unverwüstlichen Wirtschafterin, am liebsten in der Küche. Auch mit den Verwandten, zu denen Kästners gehörten. Genau wie in der Hechtstraße. Onkel Franz war selten zu Hause. Ihn trieben die Geschäfte im D-Zug durch die Nacht zu den in- und ausländischen Pferdemärkten. Oder mit Geschäftsfreunden durch Nachtlokale und Kneipen. Kam er zufällig einmal nach Hause, dann tobte er, weil die Verwandten in der Küche saßen. Mit dröhnender Freundlichkeit nötigte er sie in die kaum benützten Prachträume. Er bewirtete sie üppig. Wohlwollend und laut bewies er seiner Schwester Ida, was ein Augustin zu bieten hatte.

Nach ihren Besuchen in der ungemütlichen Villa oder in den Ladenstuben der verwandten Fleischermeister gingen Kästners wieder heim, in ihre kleine Wohnung, in der Königsbrücker Straße 48. Sie

Die reichen Onkels Augustin. Von links nach rechts: die Pferdehändler Robert und Franz, der Fleischermeister Hugo, der Pferdehändler Paul

setzten sich an den Küchentisch und aßen die Wurstbrote, die man dem kleinen Erich mitgegeben hatte. Der Junge griff am liebsten nach denen mit Fleischsalat. Während er sie verzehrte, las er. Das war zweifacher Genuß! Der Vater rauchte noch eine der «feinen» Zigarren. Und jeder dachte das Seine.

Wenn man in dieser besinnlichen Stille Emil Kästner gefragt hätte, ob er nicht lieber Fleischermeister oder Pferdemillionär geworden wäre, dann hätte er gesagt: «Nee, son Draasch wär nischt für mich!» In seinem sächsischen Dialekt bedeutete «Draasch» soviel wie «Wirbel». Damit wäre er an den kleinen Tisch am Küchenfenster getrabt, wunderbar duftende Havannawolken paffend, und hätte noch eine der Reparaturen erledigt, die er als Feierabendarbeit angenommen hatte. Der Bücher und Wurstbrote verschlingende kleine

Erich hätte auf die Frage, ob er schon wisse, was er werden wolle, geantwortet – ohne aufzusehen –: «Lehrer!» Und hätte man Frau Kästner gefragt, ob sie lieber die Frau eines Fleischermeisters oder eines Pferdemillionärs wäre, hätte sie sich entrüstet: «Dumme Frage! Dann wäre ich ja nicht Erichs Mutter!»

Eine Ehefrau ist zwar kein Familienvater, aber sie kann das Familienoberhaupt werden. In ihrem Schlafzimmer, wo Frau Kästner Leibbinden nähte, schlief auch der kleine Sohn. Eines Nachts hatte sie sich mit Vorwürfen geplagt. Denn ihre Nähmaschine sang wahrhaftig keine Wiegenlieder. Sie ratterte! Da hatte Frau Kästner kurz entschlossen ein Schild an die Haustür gehängt: «Schönes, sonniges Zimmer mit Frühstück ab sofort zu vermieten.» Die Möbel wurden zusammengerückt und mit den besten Stücken ein Untermieter-

Der Vater: Emil Richard Kästner als Vierzigjähriger

zimmer eingerichtet. Emil Kästner war, wie meistens, einverstanden.

Es war unangenehm genug, von dieser Wohnung, die für drei kaum groß genug war, ein Zimmer herzugeben. Aber es mußte sein. Und wieder ergab sich, wie so oft in Kästners Leben, aus der Zwangslage die große Chance, aus dem Nachteil der Vorteil. Der erste Mieter war ein Lehrer, und seine Nachfolger waren auch Lehrer. Der Zufall wirkte sich als Schicksal aus.

Die Mutter spürte bald im täglichen Umgang mit den geistig interessierten Menschen, daß dies die Welt sei, in die ihr Sohn gehöre. Nicht in die der reichen Brüder, der Pferdehändler, oder gar in die des eigenen Mannes! Von ihm war keine bessere Zukunft zu erhoffen. Er schaffte, was er konnte. Er schaffte unermüdlich. Ja, er schuftete. Aber es reichte gerade für den Haushalt, die Miete und ein Paar Kinderschuhe im Jahr. Das war zu wenig. Es mußte etwas geschehen!

Frau Kästner führte ihren nächsten Plan ebenso schnell durch, wie sie ihn erdacht hatte. Angeregt wurde sie durch Erfahrungen aus der Zeit, als sie Stubenmädchen und Vorleserin gewesen war. Sie wählte einen Beruf, der für ihre flinken Hände paßte, der sauber war und den sie zu Hause ausüben konnte – einen «feineren» Beruf. Das war ihr sehr wichtig. Sie lernte frisieren.

Sie war damals 35 Jahre alt. Es war nicht leicht für eine Frau in diesem Alter, einen selbständigen Beruf zu erlernen. Doch sie fand

Der Dreijährige

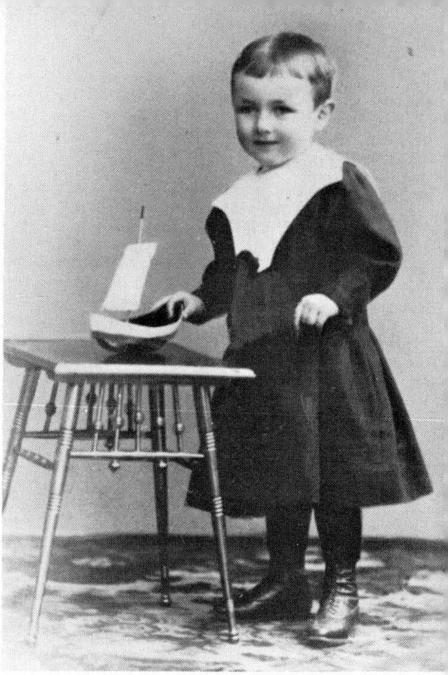

Sechsjährig als «Gott Amor»

Frau Ida Kästner

Friseuse

Dresden-N., Königsbrückerstr. 48 III.

empfiehlt sich zur Ausführung
der einfachsten bis elegantesten

Tages-, Ball- u. Braut-Frisuren.

Ondulation. Kopfwaschen.

Gleichzeitig Ausübung der **Gesichtsmassage.**

Die Geschäftskarte

den Meister, der sie ausbildete. Nach bestandenem Examen eröffnete sie ihr Etagengeschäft. Es wurde im Schlafzimmer eingerichtet, wo die Betten von Mutter und Sohn standen. Ein großer Spiegel wurde angebracht, ein Waschbecken davorgestellt, ein Föhn angeschafft, und Geschäftskarten wurden gedruckt. Neben der Haustür verkündete ein weißes Emailleschild: «Ida Kästner, Friseuse, III. Stock.»

Mutter und Sohn verteilten eilends die Karten in den Läden des Viertels. Viele Frauen aus der Nachbarschaft kamen. Wenn der kleine Erich seine Schularbeiten gemacht hatte, half er im Geschäft. In großen Kannen schleppte er das heiße Wasser vom Küchenherd ins Schlafzimmer. Er holte Wasser und ahnte nicht, daß es Wasser auf seine Zukunftsmühle war.

Emil Kästner konnte dem Jungen nicht viel mehr als seinen Namen geben, denn die Jugend des Kindes wurde ausschließlich von der Mutter bestimmt. Aber nicht etwa, weil sie den Sohn herrisch in ihre Zukunftsvorstellungen zwang, sondern weil sie mit wachen Sinnen und mit dem Herzen wußte, was für ihn richtig sei. Dieses Wissen um einen anderen Menschen ging weit über ihr geistiges und soziales Niveau hinaus.

Was für ein Unterschied zwischen jener Ida Augustin, die geheiratet hatte, «weil es nun einmal dazugehörte», und Erich Kästners Mutter! Ihre gesamte Energie und ihre eigenwillige, selbstbewußte Intelligenz brachen erst hervor, als sie das Kind hatte. Sie wuchs über sich selbst hinaus: ein Wunder, wie es nur die großen Empfindungen, Liebe und Haß, bewirken!

Die Nützlichkeit des Zufalls, daß der erste Mieter ein Lehrer war, leuchtete ihr sofort ein. Sie ließ sich von ihm Bücher empfehlen, die sie dem Jungen zum Geburtstag und zu Weihnachten schenkte. Sie ließ sich alle Orte und Berge aufschreiben, wohin er mit seinen Schülern wanderte. Sie lauschte, wenn die Französischlehrerin, die eine Zeitlang Untermieterin war, Privatunterricht erteilte.

All ihre Liebe und Fantasie, ihren ganzen Fleiß, jede Minute und jeden Gedanken, ihre gesamte Existenz setzte sie fanatisch auf eine Karte, auf mich. Ihr Einsatz hieß: Ihr Leben mit Haut und Haar!, so schreibt Kästner in seinem Buch *Als ich ein kleiner Junge war. Die Spielkarte war ich, deshalb mußte ich gewinnen. Deshalb wurde ich der beste Schüler und der bravste Sohn. Ich hätte es nicht ertragen, wenn sie ihr großes Spiel verloren hätte. Da sie die vollkommene Mutter sein wollte und war, gab es für mich, die Spielkarte, keinen Zweifel: Ich mußte der vollkommene Sohn werden. Wurde ich's?*

Er wurde es. Denn er liebte seine Mutter sehr. Zugleich aber litt er, wie nur ein Kind leiden kann, unter der Verantwortung, die sie ihm auferlegte. Auch ein Kind kann Wechsel auf die Zukunft ausstellen. Erich Kästner tat es brav und ohne zu wissen, was er damit unterschrieb. Ihm wurde abverlangt, Kind und Erwachsener zugleich zu sein. Es war ein unverhofftes Glück, daß seine Zukunft ihm das vergalt: Er darf als Erwachsener auch ein Kind sein.

Vieles, was in seinem Leben und seinen Werken zwiespältig erscheinen mag, findet hier seine Erklärung. Hier verbirgt sich die Quelle, die zum *Fabian*, aber auch zu *Emil und die Detektive* führen sollte. Kästner ist ein Gefangener seines Verantwortungsgefühls und zugleich ein Rebell gegen dessen selbstverständliche Beanspruchung. Er hat sie im Übermaß erlebt. Diese Qualen konnte er nur einmal und nur als Sohn ertragen. So wurde er ein bindungsscheuer Mensch. *Ich verspreche lieber zu wenig als zu viel. Und ich halte lieber mehr, als ich versprochen habe*, schreibt er über seine Erfahrungen mit sich selber.

Rebell und Gefangener in einem, dieser Zwieklang und vermeintliche Zwiespalt in seinem Wesen und Wirken forderte die Kritik heraus: «Halb Bürgerschreck und halb erschrockener Bürger», schrieb Robert Neumann in dem Parodienband «Unter falscher Flagge» (1932) über ihn. Traf er damit ins Schwarze? Wenn er meinte, daß Kästner ein zwiespältiges Wesen sei, dann muß man dieser geistreichen Bemerkung widersprechen. Ebensosehr widersprechen wie den Schwarz-Weiß-Schreibern, die Kästner nur als Eigentümer gegen-

Die Mutter Ida Kästner, geb. Augustin, fünfunddreißig Jahre alt, als sie frisieren lernte

Der Schüler, acht Jahre alt

sätzlicher Eigenschaften und einen Autor gegensätzlicher Werke darstellen. Simplifikateure, die sie sind, sehen sie nicht deren gemeinsamen Ursprung.

Es hieße den ganzen Menschen künstlich halbieren, wenn man nicht erkennen wollte, daß «der zornige Mann» zugleich ein zärtliches und sehnsüchtiges Kind ist. Ohne Kästners autobiographische Notizen wüßte man wenig von dem, was ihn in seiner Jugend bedrückte, erfreute und formte.

Er war ein aufgeschlossener, vergnügter, lebhafter Junge, der schon als Knirps leidenschaftlich gern turnte. Der gern allein und auch gern mit anderen Kindern spielte. Der las und las, was er an Gedrucktem erwischen konnte. Der seiner Mutter aber auch im Geschäft half, für sie sehr komplizierte und umfangreiche Einkäufe in der Friseurbedarfs-Zentrale machte, zahllose Haarnadelsortierungen, Haarnetzschattierungen, Haarwaschseifen einkaufte. Der sogar, mit kaum zehn Jahren, bereits Tante Linas Kassenbote war und nach den großen Pferdeverkäufen zwanzig-, dreißig-, vierzigtausend Mark und noch mehr in der Aktenmappe zur Bank brachte! Er war auch immer ein guter Schüler. Er hatte immer die besten Zensuren. *Die Zeit,* erinnert er sich, *war ausgefüllt wie der Terminkalender eines Generaldirektors ... Doch Kinder bringen viel mehr zuwege. Und ganz nebenbei wachsen sie auch noch!*

Eines Tages sagte die Mutter: «Wir gehen zusammen ins Theater!» Das war für ihn ein unermeßliches Glück! Von da an taten sie das regelmäßig. Die Mutter kaufte Stehplätze oder die billigsten Sitzplätze. Das Theater gehört zu Kästners stärksten Jugenderlebnissen.

Eines anderen Tages überraschte ihn die Mutter mit dem Vorschlag, daß sie in den Ferien wandern würden. Sie ließ sich ein Lodenkostüm schneidern und kaufte zwei Regenpelerinen. Der Vater nähte eifrig zwei Rucksäcke, einen großen und einen kleinen. Zwei Bergstöcke wurden angeschafft, eine Feldflasche, Büchsen für Butter und Schinkenfett, für Käse, Cervelat- und Mettwurst und für hartgekochte Eier.

Wie hatte Frau Kästner die Hände rühren und sparen müssen, um das zu ermöglichen! Tage- und wochenlang streiften Mutter und Sohn durch die herrliche Umgebung Dresdens, durch die romantischen Gebirge Mitteldeutschlands und Böhmens. In irgendeinem Gasthaus gab es Suppe. Am Waldsaum oder auf der Kante eines Bauernbettes verzehrten sie Brot und Wurst aus den Rucksäcken. Manchmal schrieben sie Ansichtskarten an die Kunden. Auch an den Papa.

Von nun an wanderten sie jedes Jahr. Manchmal machten sie auch Radtouren. Zuvor mußte Frau Kästner allerdings radfahren lernen! Und sie war damals wirklich kein junges Mädchen mehr. Aber Rücktritt lernte sie bezeichnenderweise nie! So kam es zu halsbrecheri-

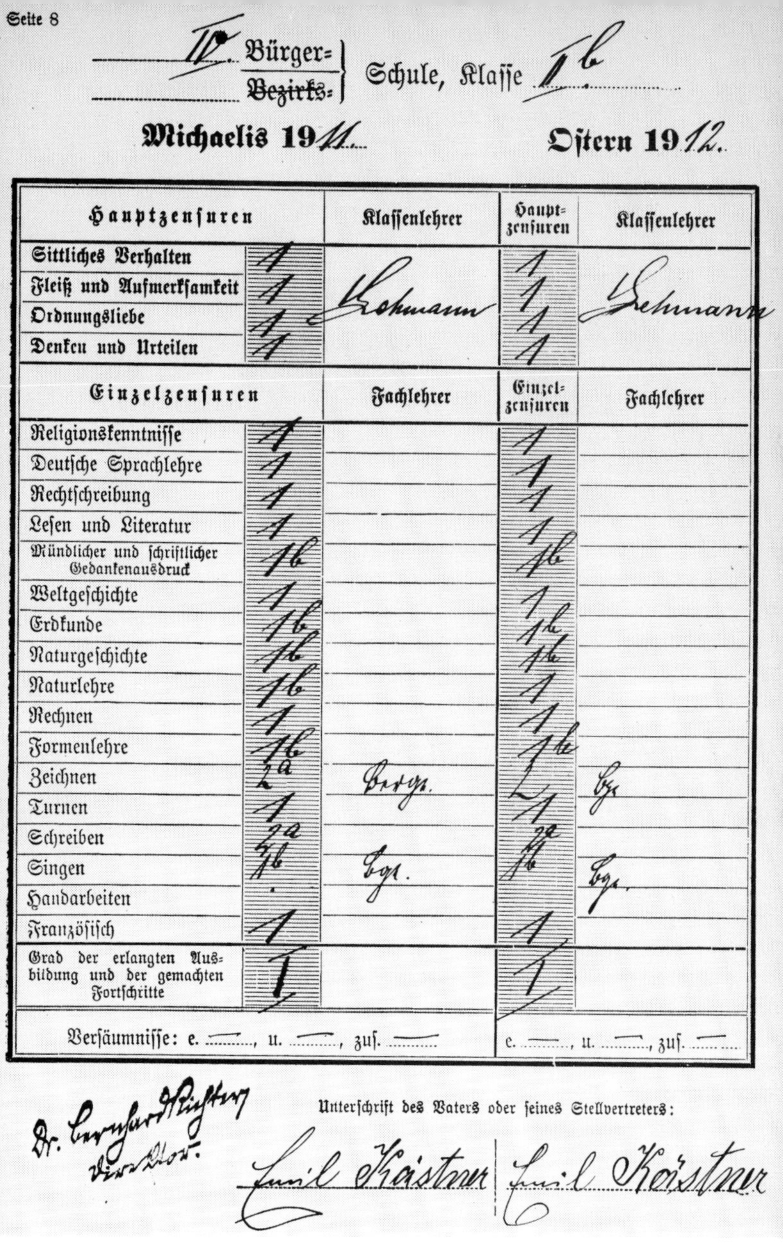

IV. Bürger- ~~Bezirks-~~ Schule, Klasse I b

Michaelis 1911 — Ostern 1912

Hauptzensuren		Klassenlehrer	Hauptzensuren	Klassenlehrer
Sittliches Verhalten	1	Lehmann	1	Lehmann
Fleiß und Aufmerksamkeit	1		1	
Ordnungsliebe	1		1	
Denken und Urteilen	1		1	
Einzelzensuren		**Fachlehrer**	**Einzelzensuren**	**Fachlehrer**
Religionskenntnisse	1		1	
Deutsche Sprachlehre	1		1	
Rechtschreibung	1		1	
Lesen und Literatur	1		1	
Mündlicher und schriftlicher Gedankenausdruck	1b		1b	
Weltgeschichte	1		1	
Erdkunde	1b		1b	
Naturgeschichte	1b		1b	
Naturlehre	1b		1	
Rechnen	1		1	
Formenlehre	1b		1b	
Zeichnen	2a	Bge.	2	Bge.
Turnen	1		1	
Schreiben	2a		2a	
Singen	1b	Bge.	1b	Bge.
Handarbeiten	.			
Französisch	1		1	
Grad der erlangten Ausbildung und der gemachten Fortschritte	1		1	

Versäumnisse: e. —, u. —, zus. — | e. —, u. —, zus. —

Dr. Bernhard Küster Dir.

Unterschrift des Vaters oder seines Stellvertreters:

Emil Kästner | Emil Kästner

Ein Zeugnis mit lauter Einsern, Ostern 1912

Mutter und Sohn auf der Wanderung

schen Abfahrten. Die Familie war froh, als Frau Kästner das «störrische» Rad für immer in den Keller stellte. Sie lernte schwimmen. Aber auch das ging schief. Verbittert ließ sie es. Gewöhnt, recht zu behalten, machte sie das Wasser im Waldteich für den Fehlschlag verantwortlich.

Manchmal war Dora mit von der Partie. Die Kusine, die später in *Emil und die Detektive* als Pony Hütchen wieder auftauchte, und als Pünktchen in *Pünktchen und Anton*. 1914 fuhr man sogar zu dritt an die Ostsee, nach Müritz. Tante Lina, Doras Mutter, hatte das Unternehmen finanziert. Es war Erichs erste große Reise mit dem ersten Koffer. Dem wanderlustigen Jungen erschien das weite Land ohne Hügel zuerst so langweilig, daß er gerne wieder umgekehrt wäre. Als man aber durch die dunklen Wälder an der Küste lief, wo sich Rehe und Wildschweine ein Stelldichein gaben, und als dann das Meer sichtbar wurde und die erregende Ferne, die Wasser und Himmel zusammenführt, war er gebannt. Doch die Tage und Abende am geheimnisvollen, schimmernden Meer und die übermütige Ferienlaune nahmen jäh ein Ende. Der Krieg brach aus! Die Abreise von Müritz glich einer Flucht. Als man in Dresden ankam, konnte man sich gerade noch von dem langjährigen Freund und Untermieter, dem Lehrer Schurig, verabschieden. Er mußte ins Feld.

Von seinen ersten Kinderjahren an war es Erichs Wunsch gewesen, einmal Lehrer zu werden. Und in all diesen Jahren kannte Frau Kästner nur ein Ziel: Geld zu verdienen, damit der Junge später das Lehrerseminar besuchen könne. Schurig hatte zugeraten. Er wußte aus eigener Erfahrung, daß es für begabte Kinder armer Leute keine billigere Aufstiegsmöglichkeit gab. Die Ausbildung wurde vom Staat mitfinanziert. Als Erich dreizehn Jahre alt war, kam der entscheidende Augenblick: Er bestand die Aufnahmeprüfung in die «Präparande», die Übergangsklasse von der Bürgerschule zum Lehrerseminar, glänzend. Und ein Jahr später war er Schüler des Freiherrlich von Fletscher'schen Lehrer-Seminars in Dresden. Die Mutter war stolz und sehr glücklich. Ihr Junge war nun Seminarist! Er trug eine grüne Mütze mit rot-goldenen Streifen!

Der Unterricht im Seminar, einem Internat, war hervorragend. Aber die Erziehung wurde Erich Kästner zur Folter. Er fand es empörend, wie man unbefangene und begabte fröhliche Jungen systematisch zu «Untergebenen» umschulte! Das Subaltern-Bewußtsein, das man den künftigen Lehrern einimpfte, widersprach seinem angeborenen hochempfindlichen Sinn für Freiheit und Gleichberechtigung. Er lehnte sich fortwährend gegen diese Methoden auf. Er kniff aus, um seine kranke Mutter zu pflegen, um ihr etwas zu kochen. Man sperrte ihn dafür ein. Es war ihm zuwider, die Lehrer

Motiv aus der Sächsischen Schweiz

Juli 1914: die Mutter und Kusine Dora am Strand von Müritz, von Erich Kästner fotografiert

mit «Beiseitetreten» und «Hände-an-die-Hosennaht» zu begrüßen. Man maßregelte ihn dafür! Dabei und trotzdem war er ein ausgezeichneter Schüler. Immer war er Primus. Aber das, was er als Demütigung empfand, grub sich tief in sein Gedächtnis ein.

Er betrachtete seine Lehrer genauer. Er beobachtete das eingeengte, spießbürgerliche Milieu, in dem sie lebten und dem er einmal angehören sollte. Und aus dem es kein Entrinnen gab. Eines Tages kam eine entscheidende Einsicht hinzu. Kästner war siebzehn Jahre alt. Er sollte, weil die älteren Seminaristen bereits an der Front waren, einer Volksschulklasse Unterricht erteilen.

Die älteren Professoren, die als Beobachter dabeisaßen, merkten nichts von meinem Irrtum und nichts davon, daß ich ihn endlich begriff und daß mir fast das Herz stehenblieb, berichtet er. *Ich war kein Lehrer, sondern ein Lerner. Ich wollte lernen und nicht lehren. Ich wollte Lehrer werden, um möglichst lange Schüler bleiben zu können. Ich wollte Neues, immer Neues aufnehmen und um keinen Preis Altes, immer wieder Altes weitergeben.* Das war eine erschreckende Erkenntnis. Was sollte nun geschehen? Der Einberufungsbefehl ersparte ihm zunächst eine Antwort auf diese quälende Frage. Im Juli 1917 wurde der Sekundaner Kästner eingezogen. Er kam in eine Einjährig-Freiwilligen-Kompanie der schweren Artillerie, wo Studenten im Schnellverfahren ausgebildet und dann, als Offiziersanwärter, ins Feuer geschickt wurden. Einige ältere Klassenkameraden waren schon gefallen.

Wir dachten an Rochlitz, Braun und Kern.
Der Rektor wünschte uns Glück.
Und blieb mit Gott und den anderen Herrn
Gefaßt in der Heimat zurück.
Dann gab es Weltkrieg statt der Großen Ferien.
Ich trieb es mit der Fußartillerie.
Dem Globus lief das Blut aus den Arterien.
Ich lebte weiter. Fragen Sie nicht, wie.

Erst jetzt, erst in der Kaserne erkannten die Seminaristen, diese von den anderen mißachtete Kaste, daß sie, mit dem Durchschnitt ihrer Verächter verglichen, die eigentliche Elite bildeten. Der Staat hatte sie, als Konfirmanden, für Schulzwecke auserlesen, und Staat und Gesellschaft hatten ihnen verheimlicht, daß sie eine Auslese waren! Diese bittere und zugleich beglückende Erfahrung mußte der Achtzehnjährige ausgerechnet beim Militär und im Kriege machen, die er beide fürchtete und haßte. Wie immer wieder, brachte ihm sein Geschick erst durch Mißgeschick Glück und Nutzen.

Lehrer Paul Schurig, viele Jahre Untermieter bei Familie Kästner, als Leutnant der Reserve

Immer wieder kam er durch Rückschläge vorwärts, und gerade durch sie!

Unter den «Ausbildern» trieb ihn einer bis zur offenen Empörung: Sergeant Waurich. Waurich war ein sadistischer Leuteschinder, und Rekrut Kästner mußte so oft und gründlich strafexerzieren, daß er, neunzehnjährig, mit einem schweren Herzleiden ins Lazarett überwiesen wurde.

Wer ihn gekannt hat, vergißt ihn nie.
Den legt man sich auf Eis!
Er war ein Tier. Und er spie und schrie.
Und Sergeant Waurich hieß das Vieh,
damit es jeder weiß.
Der Mann hat mir das Herz versaut.
Das wird ihm nie verziehn.
Es sticht und schmerzt und hämmert laut.
Und wenn mir nachts vorm Schlafen graut,
dann denke ich an ihn.

Drei Freunde vom Lehrerseminar: Erich Kästner (stehend) und die späteren Lehrer Johannes Müller und Hans Ludewig

Ein wenig genesen, wurde er wieder «kv» geschrieben. Der Krieg forderte die letzten Reserven. Auf dem Schießplatz Wahn bei Köln absolvierte er einen Lichtmeßkurs, einen Schallmeßkurs und einen Auswerterkurs. Er saß mit Studenten, Ingenieuren und Professoren zusammen. Hyperbel- und Tangentenpläne und die Logarithmentafel waren ihr gemeinsames Handwerkszeug. Der Schießplatz wurde zur Technischen Hochschule.

Alle ahnten, daß der Krieg bald zu Ende gehen müsse. Und als eines Morgens der Hauptmann geohrfeigt worden war, wußten sie es genau. Matrosen fuhren auf Lastwagen mit Maschinengewehren und roten Fahnen durch Köln. Der Gefreite Kästner ließ sich einen Marschbefehl nach Dresden ausstellen. In der Dresdner Kaserne lieferte er seinen Karabiner ab. Der Krieg war aus.

Was nun? Kästner wußte nur das eine: Er wollte nicht mehr Lehrer werden! Er saß im Abschlußkursus des Seminars und hatte nur einen Gedanken: Wie komme ich hier heraus? Dem Zwang erliegt nur, wer

Als Rekrut 1917. Zweite Reihe, der fünfte: Erich Kästner. Der siebente: Sergeant Waurich

Richtkanonier Kästner (vierter von links.) beim Geschützexerzieren an einer 15-cm-Haubitze

sich zwingen läßt. Das hatte er dazugelernt. Aber was nützte ihm diese Weisheit? Da war ja die Mutter! Sie hatte geschuftet, um seinen Wunschtraum zu ermöglichen! In einem Jahr schon könnte er selber Geld verdienen! Aber er wollte studieren. Und die Mutter war fast fünfzig Jahre alt.

Eines Abends saßen Kästners und Lehrer Schurig in der Küche. Da gestand Erich, was ihn quälte. Die anderen schwiegen wie gelähmt. Als erste sprach die Mutter: «Mein Junge, wenn du studieren willst, studiere!» Vater Kästner trabte wütend hinaus. «Ich werde wohl überhaupt nicht gefragt?» rief er giftig und knallte die Tür hinter sich zu. Ja, er wurde überhaupt nicht gefragt.

Das Kultusministerium gab den jungen Mann in der Hoffnung frei, daß er sich nach dem Studium dem höheren Lehramt widmen werde. Kästner sagte «Ja!» und meinte «Nie!». Der Rektor des König-Georg-Gymnasiums, Professor Konrad Meier, ließ ihn als Hospitanten zu. Der erste Sprung in die neue Zukunft war gelungen.

Die Schule, die er zunächst als Gast besuchte, erschien ihm wie ein Paradies. Trotz der umgearbeiteten Uniform, mit Breeches und Reitstiefeln und zwei Jahre älter als die eleganten Klassenkameraden, fühlte er sich pudelwohl. Das gab es wirklich? Lehrer, die mit ihren Schülern wie mit Freunden umgingen! Wissen, das nicht erzwungen, sondern empfohlen wurde! Er hospitierte bis Ostern 1919. Er mußte Englisch nachlernen. Er büffelte Tag und Nacht. Er gewann neue Freunde. Den außergewöhnlich gescheiten Ralph Zucker, einen bayerischen Juden aus reichem Hause, der einige Jahre später infolge eines blöden Kommilitonen-Witzes Selbstmord beging. Zucker hatte im medizinischen Staatsexamen schon fast alle Fächer glänzend bestanden. Nach der letzten Prüfung in Ophthalmologie (Augenkunde) versicherte ihm ein Student, er sei in diesem Fach durchgefallen, worauf Ralph Zucker in seine Freiburger Studentenbude ging und sich erschoß. Dabei hatte er auch dieses Teilexamen, wie nach seinem Tode bekanntwurde, mit der besten Note absolviert. Der Frühvollendete hatte Kästner so fasziniert, daß er ihm in dem Roman *Fabian* ein Denkmal setzte. Wenn Fabian biographische Züge des Autors trägt, so ähnelt Labude Kästners Freund Ralph Zucker.

Und eine andere Freundschaft, die bis zu seinem Tode bestand, bahnte sich im Gymnasium an: mit Werner Buhre, dessen unbestechlichen Urteils und gelassener Zivilcourage Kästner in kritischen Lagen und Zeiten stets sicher sein durfte.

Damals, 1919 als Schüler des König-Georg-Gymnasiums, begann Kästner zu schreiben. Er wurde Mitarbeiter der Schülerzeitung. Die Theaterzeitschrift «Der Zwinger» druckte Gedichte von ihm. Er saß, wie einst, im dritten Rang des Schauspielhauses. Er wirkte auf der

In der Eigentumsuniform als «Überzähliger Gefreiter» einer Einjährig-Freiwilligen-Kompanie

Abschiedsfeier der Mitschüler des König-Georg-Gymnasiums für den Kriegs-Abiturienten Kästner (sitzend, ganz links). Stehend ganz rechts: Ralph Zucker

Bühne als Statist mit. Das Theater war die große Liebe geblieben. Wollte er Schauspieler werden? Nein. Dramatiker? Vielleicht. Regisseur? Ja! Dieser Beruf reizte ihn! Deshalb wählte er sich – und nicht nur weil es das billigste Studium war, das er seiner Mutter zuzumuten wagte – Germanistik und Theatergeschichte aus. Das Abitur bestand er mit Glanz. Er bekam dafür sogar das «Goldene Stipendium der Stadt Dresden». Und er war glücklich, seiner Mutter dadurch einen Teil ihrer Geldsorgen abnehmen zu können. Allerdings: Der Stipendiat mußte an einer sächsischen Universität studieren, sonst hätte er auf die Stiftung verzichten müssen. Die einzige sächsische Universität war in Leipzig. Er wäre lieber, schon Friedrich Gundolfs wegen, nach Heidelberg gegangen. Nun, auch Leipzig hatte seinen Vorzug: Es lag nicht weit von Dresden entfernt.

Das Goldene Stipendium sollte, infolge der Inflation, bald nur noch für ein paar Schachteln Zigaretten ausreichen. Doch das wußte man noch nicht.

Mutter und Sohn, vor Erichs Studienbeginn in Leipzig

Im Herbst 1919 fuhren Mutter und Sohn nach Leipzig, suchten ein Zimmer und fanden es, im Buchdruckerviertel, bei einem Setzer. Nachdem der neugebackene Student die Mutter wieder zum Bahnhof gebracht hatte, entdeckte er auf dem kleinen Tisch seiner Bude eine große Summe: 800 Mark! «Iß tüchtig, und schick die Wäsche!» stand auf einem Zettel. 800 Mark! Wie sehr hatte sie dafür arbeiten und rechnen müssen! Erich nahm sich vor, so wenig wie möglich davon auszugeben. Als er in den Semesterferien nach Hause kam, brachte er 400 Mark zurück – allerdings, er war dünn wie ein Zwirnsfaden geworden!

An der Leipziger Universität hatte er Germanistik und Theatergeschichte bei Albert Köster belegt. Außerdem hörte er Philosophie, Geschichte und französische Literaturgeschichte. Köster lehrte, was wahrhaftig nicht jeder Professor zu lehren vermag: methodisches Arbeiten. Außerdem wurden die Studenten im theatergeschichtlichen Seminar mit seiner berühmten Modellsammlung bekannt, subtilen Rekonstruktionen der wichtigsten historischen Bühnenformen, die man während der Vorlesungen aufbaute.

Kästner fiel dem Professor auf. Nicht zuletzt durch die Eigenwilligkeit, mit der er schon im Proseminar den gebotenen Stoff interpretierte. Aber der junge Mann war so mit seinem Studium, mit Lesen und Schreiben, mit Tanzböden und Mädchen beschäftigt, daß er das besondere Interesse des Professors nicht bemerkte. Das nahm der prätentiöse Geheimrat übel. Und sogar das entging dem Studenten. Aber sein Debüt als Lyriker bemerkte er desto deutlicher. In einer Sammlung «Dichtungen Leipziger Studenten» erschienen drei Arbeiten von ihm. Das Heft wurde von der lokalen Presse eingehend besprochen und Kästner besonders hervorgehoben. Das war im Jahre 1920. Und man kann behaupten, daß dies das Geburtsjahr des Schriftstellers Kästner war. Der Traum, Regisseur zu werden, war damit freilich noch nicht zu Ende geträumt.

In jenen Jahren wirkte der bedeutende Regisseur Berthold Viertel in Dresden. Kästner versuchte, ihn während der Semesterferien kennenzulernen. Da sich Viertel, vor Probenbeginn, dem Staatstheater gegenüber rasieren ließ, arrangierte es der junge Mann, daß er im Stuhl daneben rasiert wurde. Unter Seifenschaum vergraben, sprach er den Regisseur an. Der war verblüfft und erheitert. Man verließ den Barbier gemeinsam, und Kästner durfte heimlich an den Proben zu Walter Hasenclevers «Jenseits» teilnehmen, dessen Uraufführung bevorstand. Er hockte in der letzten Parkettreihe des dunklen Zuschauerraums. «Bleiben Sie unsichtbar und still!» hatte Viertel gefordert, der den Adepten jeden Morgen ins Theater lotste. Während der vierten Probe bemerkte Alice Verden, damals «die» Lieblingsschauspielerin der Dresdner, den «unsichtbaren» Zuschauer. Sie brach mitten im Satz ab und rief empört: «Vorhang!» Der Vorhang fiel. Der junge Mann mußte das Theater verlassen.

Das vierte Semester verbrachte er in Rostock, das fünfte in Berlin. Es war ein eiskalter Winter, mit Kohlennot, Streiks und Inflation. Kästner arbeitete an einer Doktorarbeit über Lessings «Hamburgische Dramaturgie». Er fraß sich durch Bücherberge hindurch, er häufte Zettel und Hefte, füllte Koffer damit. Und trotzdem schrieb er diese Doktorarbeit nie. Er hätte Jahre dazu gebraucht. Die rapide fortschreitende Inflation zwang ihn, bereits im nächsten Semester Geld zu verdienen. Ein Brief rief ihn nach Leipzig zurück. Man hatte ihn Köster als Famulus vorgeschlagen. Kästner nahm an.

Damals wurde aus der Papierflut von Banknoten der Werkstudent geboren. Die Studenten kämpften um ihr Studium und zugleich ums tägliche Brot. Kästner verdiente, wie viele andere, während der Leipziger Messe etwas Geld. Er schrieb im Messeamt Tausende von Adressen. Er half den Ausstellern beim Verkauf ihrer Produkte. Doch die Messe währte ja nicht ewig! Er roch, wie er sich mit Abscheu erinnert, noch wochenlang nach Rosenöl, nachdem er an einem ungarischen Parfumstand ausgeholfen hatte. Als die Professoren und die Bürgerschaft einsahen, daß sich die Studenten allein nicht länger helfen konnten, beschloß man die Einrichtung des «Studentenmittagstisches». Die jungen Leute wurden von freundlichen Bürgern reihum eingeladen. So kam Kästner in die Familie eines Leipziger Stadtbaumeisters. Er war ein lebhafter, intelligenter Mann, sie eine vergnügte und natürliche Frau aus Holstein. Beide freuten sich herzlich über ihren Mittagsgast. Doch der Mittagsgast freute sich weniger. Er fühlte sich in der Rolle des «Mitessers» sehr unbehaglich. Doch bald freundete man sich an. Der umsichtige Gastgeber brachte «seinen» Studenten in der Städtischen Baugesellschaft, der er vorstand, als Buchhalter unter. Nun rechnete der stud. phil. den sich täglich und stündlich ändernden Wert der Aktien aus, welche die Firma besaß. Eine aufregende und idiotische Beschäftigung, die ein gutes Quantum Humor erforderte. In der Aktentasche trug Kästner sonnabends den Wochenlohn eilig in die nächsten Läden und setzte ihn in Brot, Margarine und Wurst um. Denn am Montag darauf war das Geld nichts mehr wert.

Die Tage des Werkstudenten waren zum Platzen ausgefüllt. Er mußte in die Kollegs laufen, Referate ausarbeiten, als Famulus und Senior dem Geheimrat Köster wie ein Sekretär behilflich sein, in der Baugesellschaft Geld verdienen und Kritiken für das Zeitungswissen-

Geheimrat Prof. Dr. Albert Köster

Dichtungen
Leipziger Studenten

*

Weihnacht 1920.

Eine **Vorzugsausgabe** (zunächst [illegible] Stück) zum Preise von zirka 8 Mark ist im Verlage:
Roßberg'sche Buchhandlung Wilhelm Schunke, Leipzig, Universitätsstr. 15, erschienen.

Dieses Heft enthielt einige Gedichte des Studenten Kästner

Richard Katz

schaftliche Institut schreiben. Dr. Morgenstern, ein namhafter Leipziger Theaterkritiker, schickte nämlich seine Studenten in die Erst- und Uraufführungen und verlangte, daß sie ihre Kritiken noch in derselben Nacht an ihn absandten. Nur so hatte er die Gewißheit, daß sich keiner am nächsten Morgen in der Tagespresse orientierte. Kästners Kritiken fielen auf. Morgenstern sagte eines Tages: «Ich habe in diesem Institut nur zwei echte Begabungen kennengelernt: Eugen Ortner und Sie!»

Trotz aller Arbeit schrieb Kästner auch noch «für sich». Eine satirische Glosse über die Geldentwertung, *Max und sein Frack*, schickte er, halb zum Spaß, an das «Leipziger Tageblatt». Sie erschien zwei Tage später als Lokalspitze. Der Verlagsdirektor, Richard Katz, der spätere Reiseschriftsteller, ließ ihn zu sich kommen und engagierte ihn als freien Mitarbeiter, später als Redakteur. Mit dieser kurzen Glosse hatte sich das Schicksal energisch in Kästners Leben eingeschaltet. Er verdankte seine «Entdeckung» der Inflation, die sich zu Tode raste. Der Geheimrat nahm dem Famulus den Schritt in den Journalismus sehr übel. Er versuchte, ihn durch süffisante Bemerkungen im Professorenkreis abzuwerten. Aber Kästner war über die Wendung in seinem Leben viel zu erfreut, als daß ihn die Wellen der übelnehmerischen Empfindsamkeit und die geschickten Intrigen des Gelehrten hätten beunruhigen können.

Er hatte einen Beruf! Er verdiente Geld! Er war zum erstenmal unabhängig! Er brauchte die Opfer der Mutter nicht mehr zu beanspruchen! Die Schnur, die Mutter und Sohn verband, hätte abgenabelt werden können. Doch Kästner wußte längst, daß das nicht sein Leben, wohl aber das der Mutter bedroht hätte. Deshalb galt es eine andere Bindung erst recht aufrechtzuerhalten: das Wäscheband.

Von dem Tag an, da der Sohn nicht mehr daheim war, schrieben sie sich täglich. Und immer schrieb sie dazu: «Schick die Wäsche!» Er schickte die Wäsche. Immer. Auch als er berühmt war, Geld genug verdiente und die Expreß-Wäscherei um die Ecke lag. Als die Mutter 1944 hörte, daß seine Wohnung abgebrannt war, setzte sie sich sofort in den Zug und brachte ihm – die Wäsche. Sie sah die Hausruine. Sie konnte es nicht fassen, und fassungslos fuhr sie wieder zurück.

Der frischgebackene Redakteur

Prof. Dr. Georg Witkowski

Kurz vor Kriegsende wurde Dresden zerstört. Die elterliche Wohnung blieb heil. Doch wo blieb der Sohn? Warum kam er nicht? Warum kamen keine Wäschepakete mehr? Und keine Briefe mehr? Der Staat brach zusammen, das begriff sie noch. Aber die Post? Sie saß in der Küche und brütete vor sich hin. Das Wäscheband war zerrissen, und es war doch ihr Lebensfaden!

Doch zurück zu dem Leipziger Studenten und Redakteur: Kästner arbeitete an den drei Magazinen mit, die der Verlag herausgab: «Der Die Das», «Das Leben» und «Die Große Welt». Die Redaktion bestand aus dem Schriftsteller Max Krell, der reizenden ostpreußischen Kollegin Hilde Decke und «dem kleinen Erich», wie sie ihn nannte. Hilfreich nahm sie sich seiner Redaktionsarbeiten an, wenn er «rühmlichst abwesend» war, mit dem Kollegheft in der Universität – oder mit dem Schreibblock im «Café Merkur», seinem ersten Stammcafé.

Es war eine Zeit voller Arbeit. Erich Kästner schrieb satirische Gedichte, politische Glossen, Stories, Reportagen, Feuilletons, Theaterkritiken und Kunstkritiken. Georg Witkowski, einem der Universitätsprofessoren, und dessen Familie stand er besonders nahe. Der joviale Mann protegierte ihn. Er ließ ihn an seinen «Neuausgaben der Klassiker» mitarbeiten. Auch der Feuilletonchef der «Neuen Leipziger Zeitung», Hans Natonek, zog ihn immer häufiger heran. Schließlich empfahl er ihn als zweiten Feuilletonredakteur und für die «zweite» Theaterkritik. Diese Beförderung brachte eine wohltuende Gehaltserhöhung mit sich und einen Wohnungswechsel. Obwohl

Kästner über beides froh war, stimmte ihn der Auszug aus der tristen Straße mit dem romantischen Namen «Czermaks Garten» wehmütig. Denn die Artistenpension, in der er wohnte, mit ihrem bunten monatlichen Gästewechsel, dem Sprachtohuwabohu, den Liliputanern, Negern, dressierten Hunden und Affen, war nicht nur eng und laut, sondern auch amüsant gewesen, sogar die Wirtin und Witwe mit den fettigen Haaren, die in der Küche wohnte, schlief und Geige spielte.

Es wurde höchste Zeit, die Doktorarbeit zu schreiben. Da Albert Köster Selbstmord begangen hatte, wandte sich der Doktorand an Witkowski. Dieser väterliche Freund billigte als Thema *Die Erwiderungen auf Friedrichs des Großen Schrift «De la littérature allemande»*. Kästner war mit dem Gegenstand durch ein gründliches Referat in Kösters Hauptseminar bereits vertraut.

Als Redakteur fand er einen Vertreter, den Studenten Friedrich Rasche. Er teilte mit ihm das Gehalt und kehrte der Zeitung für vier

Das von Erich Ohser illustrierte «Abendlied» beendete Kästners Aufenthalt in Leipzig

Abendlied

des Kammervirtuosen

von **Erich Kästner.**

Du meine neunte Sinfonie!
Wenn du das Hemd an hast mit rosa Streifen
Komm wie ein Cello zwischen meine Knie,
Und laß mich zart in deine Seiten greifen!

Laß mich in deinen Partituren blättern.
(Sie sind voll Händel, Graun und Tremolo) —
Ich möchte dich in alle Winde schmettern,
Du meiner Sehnsucht dreigestrichnes Oh!

Komm laß uns durch Oktavengänge schreiten!
(Das Furioso, bitte, noch einmal!)
Darf ich dich mit der linken Hand begleiten?
Doch beim Crescendo etwas mehr Pedal!!

Oh deine Klangfigur! Oh die Akkorde!
Und der Synkopen rhythmischer Kontrast!
Nun senkst du deine Lider ohne Worte . . .
Sag einen Ton, falls du noch Töne hast!

Vor dem ersten Berliner Stammcafé

Mit Erich Ohser

Monate den Rücken. Einen großen Teil der Arbeit schrieb er in Dresden. In den letzten Urlaubswochen bereitete er sich aufs Mündliche vor. Dann löste er Rasche wieder ab. Die Doktorarbeit fand ungewöhnliche Beachtung. Es sei wünschenswert, doch kaum zu hoffen, daß wenigstens alle fünf Jahre eine solche Arbeit von einem Professor der deutschen Literaturgeschichte geschrieben werde! So urteilte der Korreferent der Fakultät. Das mündliche Examen folgte. Der junge Mann bestand es 1925. Er war nun, zur Freude der Eltern, Doktor der Philosophie. Er war außerdem Redakteur. Und schon damals hatte er einen Namen als «junger Autor». Man verfolgte seine Kritiken. Man veröffentlichte seine Arbeiten in der «Weltbühne», im «Tagebuch», in der «Vossischen Zeitung», im «Berliner Tageblatt», in den «Dresdner Neuesten Nachrichten» und im «Prager Tagblatt». Es war nicht alltäglich, daß diese bedeutenden Zeitungen einen unbekannten Mann aus der Provinz so häufig druckten.

Der angehende Schriftsteller lud die Mutter zu einer Auslandsreise durch die Schweiz und die oberitalienischen Seen ein. Es war seine und ihre erste! Und er war glücklich, sich für das, was sie für ihn getan hatte, ein bißchen bedanken zu können.

Doch bald darauf brach ein kurzer, jäher Wirbelsturm aus. Er brachte die eben erst gesicherte Existenz ins Wanken. Den Sturm entfachte die einflußreiche Konkurrenzzeitung, die «Leipziger Neuesten Nachrichten».

Kästner hatte in der «Plauener Volkszeitung», mit einer Illustration von Erich Ohser, ein satirisches, erotisch nicht ganz stubenreines Gedicht publiziert. Das *Abendlied des Kammervirtuosen.* Es begann: *Du meine Neunte, letzte Symphonie! Wenn du das Hemd an hast mit rosa Streifen ...* Das Pech wollte es, daß die Verse im Gedenkjahr an Beethovens 100. Todestag erschienen! Den «Leipziger Neuesten Nachrichten» war der satirische, politisch kritische Mitarbeiter des demokratischen Konkurrenzblattes ohnehin längst ein Dorn im Auge. Die Gelegenheit war günstig. Sie provozierten einen Skandal.

Es war an einem Frühlingsabend, als Hilde Decke, nun Chefredakteurin der neugegründeten Zeitschrift «Beyers für Alle», samt ihren Mitarbeiterinnen Lena Kühn und Luiselotte Enderle und einer Ananasbowle den hunderttausendsten Abonnenten bei ihrem Mitarbeiter Kästner feiern wollten. Die Damen hatten sich für den feierlichen Anlaß Kinderkleidchen angezogen, die Herren, Paul Beyer, Erich Ohser und Erich Kästner, machten hingegen einen sehr düsteren Eindruck. Schließlich gestanden sie, was sich ereignet hatte. Das Schwert des Damokles war am Nachmittag heruntergesaust. Der Direktor der «Neuen Leipziger Zeitung», ein Dr. Marguth, hatte Kästner wegen der «Neunten Symphonie» fristlos entlassen. Und der Illustrator des Gedichtes, Erich Ohser, war gleich mitgeflogen. Man hatte Kästner angeboten, als Theaterkritiker für die Zeitung in Berlin zu arbeiten. Das Gehalt? Ein lächerliches Existenzminimum! Es blieb keine Wahl. Kästner nahm an. Die Jubelfeier wurde zum traurigen Abschiedsfest. Kästner hatte gar nicht die Absicht gehabt, den Sprung nach Berlin so schnell zu tun. Doch dieser *Schlag ins Kontor*, wie er es nannte, sollte sich bald als Fußtritt Fortunas erweisen. Daß sich das Glück ihm durchaus nicht immer mit Feenhänden nahte, wußte er aus Erfahrung. Im Juli 1927 traf er in Berlin ein. Erich Ohser erwartete ihn bereits.

Berlin war damals die interessanteste Großstadt der Welt, und wir bereuten den Tausch keine Stunde. Wir entdeckten Berlin auf unsere Weise und berichteten davon in illustrierten Reportagen, die uns die Provinzpresse abkaufte. Wir saßen stundenlang in unserem Café am Nürnberger Platz und erfanden politische und unpolitische Witze. Kaum hatten sie ein paar hundert Mark zusammen, fuhren sie nach Paris. *Von unserem Quartier aus, es war ein Stundenhotel am Bahnhof St. Lazare, durchstreiften wir nun die Hauptstadt der Künste. Im Jardin du Luxembourg und in den Gärten der Tuilerien begann Ohser mit Pastellfarben zu arbeiten, und diese Blätter, worauf Kraft und Zärtlichkeit miteinander Hochzeit machten, zeigten endgültig, daß ein jugendlicher Meister am Werke war.*

Als Kästner nach Berlin gekommen war, hatte er in der Prager Straße ein Zimmer genommen. Die beachtliche Summe von 160 Mark, die Miete für zwei Monate, blätterte er der Witwe Ratkowski gleich auf den Tisch – er wollte sich zuerst einmal vor künftigen Mietschulden schützen.

Dann besuchte er, um «das Geschäft anzukurbeln», Richard Katz, der bei Ullstein mit großem Erfolg die «Grüne Post» gestartet hatte. Der Versuch, auch Ohser dort «ins Geschäft zu bringen», ging schief. Katz fand dessen Zeichnungen zu skurril und zu frech. Mit der Bemerkung, eine Zeitung sei kein Wohltätigkeitsverein, wies er Kästners Bemühungen ab. Viele Jahre später sollte Ohser im gleichen Verlag, in der «Berliner Illustrirten», eine der entzückendsten und erfolgreichsten Bildgeschichten, die nach «Max und Moritz» in Deutschland erschienen sind, veröffentlichen: «Vater und Sohn». Der Redakteur, der Ohsers umfassendes Talent erkannt hätte, fand sich jedoch 1927 noch nicht.

Kästner arbeitete pausenlos, für sein schriftstellerisches Ziel und für die «täglichen Brötchen». Schon damals schrieb er fast nie zu Hause, sondern am liebsten im Café. Sein erstes Berliner Stammcafé hieß «Carlton», dort gab es den köstlichsten Mohn- und Apfelstrudel von Groß-Berlin und ein vorzügliches Konzert-Trio. Von Zeit zu Zeit kam Eduard Künneke ins Lokal gestürzt, mit einer Handvoll fliegender Notenblätter, die ihm die drei Musiker vorspielen mußten. Es waren seine neuesten Kompositionen. Die Gäste lauschten gespannt.

Leopold Schwarzschild, der Herausgeber des «Tagebuch» und des «Montag Morgen», bestellte bei Kästner für den «MM» das wöchentliche Gedicht. Deshalb mußte er jeden Donnerstag frühzeitig aufstehen, was dem «Nachtarbeiter» sehr schwerfiel, vom Nürnberger

Platz ins Zeitungsviertel, in die Hedemannstraße, zur Redaktionskonferenz eilen und jeden Samstag ein Gedicht abliefern. Dichten auf Bestellung gehört zu den härteren Brötchen. Doch Kästner biß sich daran keinen Zahn aus. Er schrieb später über diese erste Berliner Zeit:

Nun bin ich zirka 31 Jahre
und habe eine kleine Versfabrik.
Ach, an den Schläfen blühn schon graue Haare,
und meine Freunde werden langsam dick.
Ich setze mich sehr gerne zwischen Stühle.
Ich säge an dem Ast, auf dem wir sitzen.
Ich gehe durch die Gärten der Gefühle,
die tot sind, und bepflanze sie mit Witzen.

Indessen war auch Erich Knauf, der dritte Erich im Bunde, eingetroffen, eben jener Redakteur, der kurz zuvor das schicksalsschwangere *Abendlied des Kammervirtuosen* in der «Plauener Volkszeitung» abgedruckt hatte. Die Büchergilde Gutenberg hatte sich den tüchtigen Mann geholt. Er gab Erich Ohser laufend Illustrationsaufträge, und nun ging es auch mit Ohser voran. Der große und der kleine Erich konnten wieder einmal zusammen auf Reisen gehen. *Diesmal hießen unsere Ziele Moskau und Leningrad. Wir sahen, was man uns zeigte, und noch ein bißchen mehr. Die Berliner Freiheit und das Leben auf eigene Gefahr waren uns lieber*, resümierte Kästner.

In Berlin traf er sich öfter mit den Herausgebern und Mitarbeitern der «Weltbühne», zum Beispiel mit Carl von Ossietzky, Kurt Tucholsky, Alfred Polgar, Morus, Werner Hegemann und Rudolf Arnheim. Entscheidend wurde die Bekanntschaft mit der Verlegerin der Zeitschrift, Edith Jacobsohn. Diese tüchtige Frau, mit männlicher Initiative ausgerüstet und mit einem Monokel bewaffnet, gab regelmäßig Teenachmittage. Hermann Kesten kommentierte das so:

«Da versammelte die Witwe Siegfried Jacobsohns, eine weiträumige, breitlächelnde Dame (mit Kinderbuchverlag im Hinterhalt) in regelmäßigen Abständen die ortsansässigen Mitarbeiter der Weltbühne zu dünnem Tee und antikollegialen Gesprächen ... Die Witwe trug sich mit der finsteren Absicht, ihren Mitarbeitern Ideen für neue Arbeiten einzublasen.»

Sie «blies» auch Kästner eine Idee ein. Sie schlug ihm vor, für ihren Jugendbuch-Verlag, Williams & Co., ein Kinderbuch zu schreiben. Kästner gefiel der Vorschlag. Er machte sich an die Arbeit. Der Zeichner, der es illustrierte, hieß Walter Trier, und der Titel hieß *Emil und die Detektive*. Das Buch erschien 1929 und wurde ein unge-

Kästner und Ohser als Zuschauer bei der «Roten Parade» auf dem Roten Platz in Moskau

Walter Trier, Herbst 1928

wöhnlicher Erfolg. Von nun an blieb Walter Trier über alle Schicksalsschläge hinweg, bis zu seinem Tode, 1951 in Toronto, der Illustrator von Kästners Kinderbüchern.

Bereits im Frühjahr 1928 war noch etwas anderes, nicht minder Entscheidendes geschehen. Der Gedichtband *Herz auf Taille* war erschienen. Er hatte den jungen Autor mit einem Schlag berühmt gemacht. Als der zweite Gedichtband *Lärm im Spiegel* folgte, war Kästner als moderner deutscher Lyriker bereits anerkannt.

Glück gehört zum Talent. Der Künstler muß zu dem Zeitpunkt hervortreten, da ihn «sein» Publikum erwartet. Dieses Glück, das mit dem Gongschlag einsetzen kann, wurde Kästner zuteil. Und es war auch mit dem Gongschlag zu Ende. Von seinem ersten Erfolg bis zu seinem literarischen Scheintod blieben ihm genau sechs Jahre. In die-

sen sechs Jahren begründete Erich Kästner seinen Ruf als Zeitkritiker, als Lyriker und als Kinderbuchautor. Für die deutschsprachige Welt und für das Ausland. Mehr Zeit blieb ihm nicht, dann kam das Dritte Reich. Wie die Werke vieler anderer Autoren wurden auch seine Bücher verboten.

Aber soweit war es noch nicht. Er schuf ja gerade erst, was verfemt und vernichtet werden sollte. Doch die Zukunft klopfte schon bedrohlich an die Tür. Kästner warnte: *Kennst Du das Land, wo die Kanonen blühn?*

Kennst Du das Land? Es könnte glücklich sein.
Es könnte glücklich sein und glücklich machen!
Dort gibt es Äcker, Kohle, Stahl und Stein.
Und Fleiß und Kraft und andre schöne Sachen.
Selbst Geist und Güte gibt's dort dann und wann!
Und wahres Heldentum. Doch nicht bei vielen.
Dort steckt ein Kind in jedem zweiten Mann.
Das will mit Bleisoldaten spielen.
Dort reift die Freiheit nicht. Dort bleibt sie grün.
Was man auch baut – es werden stets Kasernen.
Kennst Du das Land, wo die Kanonen blühn?
Du kennst es nicht? Du wirst es kennenlernen!

Die Kritik nahm seine zwei Gedichtbände *Herz auf Taille* und *Lärm im Spiegel* auf, wie man Gedichtbände in Deutschland sonst nicht aufnimmt. Hans Natonek schrieb in der «Neuen Leipziger Zeitung»: «Hier spricht einer, der repräsentativ ist für seine Generation... Lyrik unserer Zeit kann gar nicht anders aussehen!» Man schrieb: «In diesen rhetorischen Gedichten stehen Verse, die zu gereimten Schlagworten der Zeit werden!» Und: «Kästner schreibt Verse, die ebenso lebensnahe und zeitgemäß wie künstlerisch durchgebildet und mit unnachahmlicher Prägnanz formuliert sind!»

Auch die Kritik des Literarhistorikers Heinz Kindermann von 1930 war interessant: «Mit eisiger Ruhe spricht Kästner in seinen polemischen Gedichten die Anklagen gegen die Zeit aus, aber niemals ohne positive Zukunftsaussichten: stets bereit, den Gegner durch überlegene Ironie zu Fall zu bringen und dennoch hinter dieser mitleidlosen, bewußt parteiisch eingestellten Geste zu helfen; brutal in seiner Überehrlichkeit und dennoch feinsten, unsagbaren Seelenregungen zugänglich.» 1933, nach seiner politischen Kehrtwendung, schrieb Professor Kindermann das Gegenteil.

Kästner nannte seine Verse *Gebrauchslyrik*. Er tat es, um sie von der echten und falschen feierlichen Poesie abzugrenzen. Und auch aus

Edmund Nick

Kästners Sekretärin Elfriede Mechnig tippt «Pünktchen und Anton». Die ersten Leser sammeln sich um sie

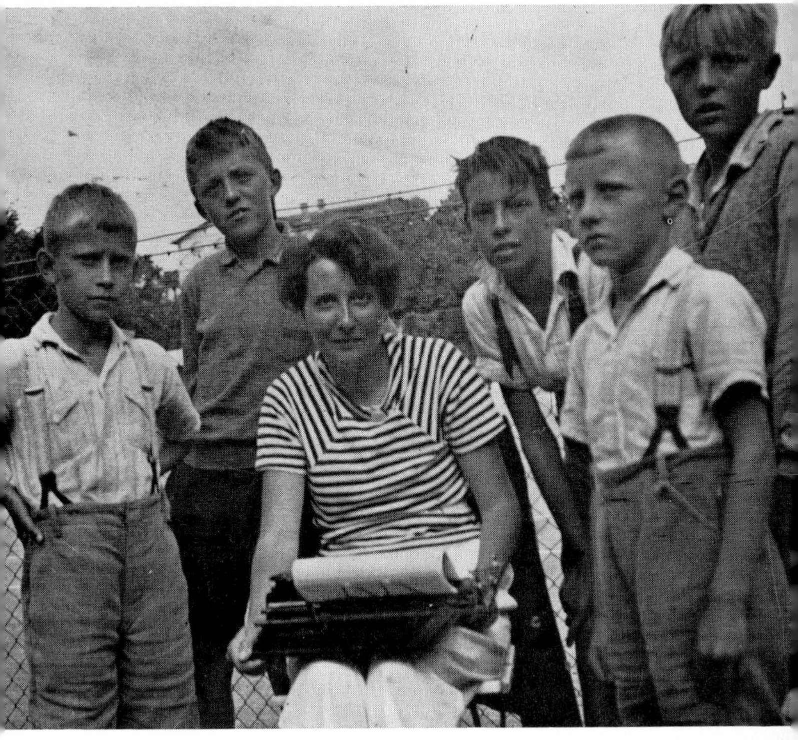

Am ersten eigenen Schreibtisch, Berlin 1929

Szene aus «Leben in dieser Zeit». Aufführung im Breslauer Stadttheater, 1932

einem Hang zu Selbstironie und Understatement. *Gebrauchslyrik* wurde bald zum eifrig mißbrauchten Schlagwort. Bei den Versuchen, den jungen Lyriker einzuordnen, seine literarischen Verwandten und Vorfahren zu finden, stieß man schnell auf Ringelnatz, Tucholsky und Heine. Zweifellos gehören sie zur Sippe. Seine «Verwandten ersten Grades» sind aber wohl die großen Kollegen des 18. Jahrhunderts, Lessing, Lichtenberg, Swift, Voltaire, an denen Kästner seinen Sinn für Präzision geschult hat.

Das Hervorstechende an ihm ist – und das spürt man heute deutlicher als vor dreißig Jahren –, daß er im Grunde zu den literarischen Selfmademen gehört. Seine Themen, seine Weltanschauung, die Ökonomie seiner Sprache und deren Prägnanz erinnern viel weniger an Vorgänger und Vorbilder als an ihn selber. Diese ihm eigene Art läßt sich in jeder Zeile erkennen und, trotz zahlreicher Versuche, wohl bis zur Täuschung nachahmen, aber nicht fälschen.

Kästner zählt, auch das ist bemerkenswert an ihm, zu den Doppelbegabungen. Nicht daß er etwa auch malte oder komponierte. Aber er schreibt für Erwachsene – und für Kinder. Wie sich dieses zwiefache Talent bei ihm, dem Satiriker, zusammenreime, hat schon manchen Kritikern Kopfzerbrechen bereitet. Den Kindern erzählt er spannende Geschichten. Er spart nicht an Abenteuern, an Übermut, auch nicht an Gemüt und Gefühl. Leben und Erlebnis werden ungescheut zum Lust- und Trauerspiel, mit einem Wort, zum Drama. Jedoch – sobald er sich an die «Großen» wendet, nimmt er das Gefühl zurück. Dann wappnet er sich mit Ironie, Satire, Galgenhumor und – Nüchternheit. Das Leben in dieser Zeit bedarf keiner Dramatisierung. Es ist Drama genug.

Jedes Jahr erschien von ihm etwas Neues. 1929 das Hörspiel *Leben in dieser Zeit*, mit der Musik von Edmund Nick; ein satirisches akustisches Großstadtgemälde. Friedrich Bischoff inszenierte die Uraufführung am Breslauer Rundfunk. Andere Sender folgten. Schließlich eroberte sich dieses *Oratorium für Laien* auch das Theater. Es wurde von mehr als zwanzig Bühnen gespielt.

Ein zweites Kinderbuch folgte, *Pünktchen und Anton*, und 1930 der dritte Gedichtband *Ein Mann gibt Auskunft*, mit Zeichnungen von Erich Ohser. Im gleichen Jahr wurde *Emil und die Detektive* dramatisiert in Berlin aufgeführt. Der erste «Herr Grundeis» war Theo Lingen. In Breslau, bei Barnay, inszenierte es ein junger Regisseur, der bald darauf mit Kästner seinen ersten Film machte, einen Kurzfilm, er hieß *Dann schon lieber Lebertran*. Der junge Regisseur, Max Ophüls, begann damit seine große Filmkarriere. 1930 erwarb die Ufa die deutschen Filmrechte des *Emil*. Als Drehbuchautor engagierte man, neben Kästner, einen jungen filmbesessenen Ungarn,

Mit Emmerich Pressburger bei Kitzbühel, 1931

Emmerich Pressburger. Die beiden fuhren nach Kitzbühel und schrieben, im Schnee und mit Feuereifer, das Drehbuch. In Berlin wurde, wie es beim Film üblich ist, ein dritter Mann hinzugezogen. Er hieß Billy Wilder. Der Film glückte und lief jahrelang, sogar noch nach 1933, als Kästner verboten war.

1931 erschien der erste Roman; vom Autor *Der Gang vor die Hunde* genannt. Der Verlag lehnte den Titel ab. Es gab Streit. Man einigte sich schließlich auf *Fabian,* mit dem Untertitel: *Geschichte eines Moralisten.* Dem Roman haftet noch heute, wie dem meisten, was Kästner geschrieben hat, brennende und – bleibende Aktualität an. «Ein unmoralisches Buch von höchster Moral», schrieb Peter Flamm im «Berliner Tageblatt». «Man denkt an Wedekind, aber hier ist die Verzweiflung noch größer, der Schrei noch heftiger, der Haß noch tiefer.» Im «Hamburger Fremdenblatt» urteilte Joachim Maass: «Hinter diesem Buch steht ein Dichter, der mit seinem Werk die Hülle, in der wir alle stehen, von innen erreicht hat. Einer, der den Weltuntergang im Blut hat. Und der mit dem Teufelspanorama dieses Negativen beiträgt, wie kaum einer, zur positiven Änderung und zum Aufbau einer wegsinkenden Welt.»

In dem umfassenden Buch «Social Criticism in the Early Works of Erich Kästner», das der amerikanische Professor John Winkelman von der Columbia University (Missouri) 1953 publizierte, kommt der Wissenschaftler zu dem Resultat, daß Kästners Zeitkritik «genau gezielt» sei. Man könne aus ihr die Epoche und ihre Entwicklung präzis rekonstruieren. Kästners Gedichte seien Lyrik und Dokumentation in einem.

1931 wurde Kästner in den PEN gewählt. Bereits 1929 hatte er die «Ehrende Erwähnung» bei der Kleist-Preisverteilung erhalten. Er genoß sein Vorwärtskommen. Der Bekanntenkreis des Einzelgängers wurde unabsehbar. «Man» traf sich bei Schwannecke. «Man», das waren vorwiegend Schauspieler und Regisseure, Literaten und Zeitungsleute. Kästner bezog eine eigene Wohnung, Roscherstraße 16,

Szene aus dem Film «Emil und die Detektive», der 1932 gedreht wurde, mit Fritz Rasp als Herr Grundeis

Der erste Frack, Kitzbühel 1932

Gartenhaus, IV. Stock. Sein «Büro» fand nun im «Café Léon» am Kurfürstendamm statt, im Hause des «Kabaretts der Komiker».

Berlin war Kästners Großstadterlebnis. Die lebhafte, unbekümmert vorwärtsstrebende Stadt hatte ihn rasch zu einem der Ihren gemacht. Die Stadt und er standen einander gut zu Gesicht.

Hermann Kesten, der ihn damals kennenlernte, schildert Kästner so: «Ich schüttelte die Hand eines hübschen adretten jungen Mannes, der mich mit einem freundlich verschmitzten Lächeln begrüßte. Sogleich begannen wir ein langes Gespräch und unsere Freundschaft. Wir sprachen überraschenderweise auch von uns selber und waren uns bald einig, daß wir Moralisten und Satiriker waren. Ich behauptete, man müßte auf die Besten seines Jahrhunderts wirken. Kästner sagte, er wolle dem Volk gefallen, und je mehr Leser, desto besser. Was man in der Jugend wünscht, sagt Goethe, erhält man im Alter die Fülle. Amerikanische Kinder lernen heute die deutsche Sprache an Kästners Texten.»

Kästners Erfolg war ungewöhnlich: Es gab keine Fehlschläge. 1931 erschien *Der 35. Mai*, ein Kinderbuch, abenteuerlich und märchenhaft wie sein Titel. Ende 1931 spielte man *Pünktchen und Anton* bei Max Reinhardt. Der vierte Gedichtband, *Gesang zwischen den Stühlen*, wurde 1932 publiziert. Der Titel war nicht von ungefähr gewählt worden, 1933 stand vor der Tür! Außerdem erschienen die Kindergedichtbände *Arthur mit dem langen Arm, Das verhexte Telefon* und der Roman für Kinder *Das fliegende Klassenzimmer*, der noch im NS-Deutschland verlegt werden konnte.

Als am 30. Januar 1933 der aristokratische Konservativismus der plebejischen Reaktion die Hand reichte, versetzte man der deutschen Demokratie und dem deutschen Geistesleben hinterrücks einen tödlichen Stoß. Papen kommentierte das Ereignis: «Hitler an der Macht? Nein, dieser Herr wurde nur engagiert. Herrschen tun wir!» Die Dompteure schienen nicht zu wissen, daß sie ein Trojanisches Pferd dressieren wollten.

Lakonisch berichtet Kästner in seiner Rede *Über das Verbrennen von Büchern* (1958) von dieser Zeit: *Der Feldmarschall und Reichspräsident kapitulierte in der Potsdamer Garnisonkirche. Das geschah am 21. März. Zwei Tage später kapitulierten, mit Ausnahme der Sozialdemokraten, die Parteien in der Krolloper. Eine Woche später wurden die Länder «gleichgeschaltet». Am 1. April wurde der Judenboykott inszeniert. Er war eine mißglückte Inszenierung, und man setzte das blutige Stück vorübergehend vom Spielplan ab. Am 7. April wurden die Gauleiter als Reichsstatthalter herausstaffiert. Am 2. Mai wurden die Gewerkschaften aufgelöst … Am 10. Mai brauchte man wieder Feuer. Für die Bücher.* Der Geist der Demokratie wurde verbrannt, wie man vorher, am 27. Februar, den Reichstag, das Symbol der demokratischen Verfassung, angezündet hatte.

Dieser 27. Februar 1933 war für viele das Fanal gewesen. Für die, die aufbrachen, um zu vernichten, und für die, die aufbrachen, um nicht vernichtet zu werden. Kästner war gerade in Zürich. Wo er ging und stand, traf er Freunde, Bekannte, Prominente, die soeben aus Deutschland geflohen waren. Als sie hörten, daß er, der sich auf einer Ferienreise befand, zurückkehren wolle, waren sie entsetzt. Sie warnten ihn eindringlich. Rieten beschwörend ab. Sie wollten ihn wenigstens über die «Grüne Grenze» bringen lassen, damit er illegal nach Berlin fahren, seine Angelegenheiten ordnen und Deutschland illegal wieder verlassen könne. Aber Kästner ließ sich nicht beraten und nicht warnen. Er setzte sich in einen Zug, der nach Deutschland fuhr. Man ließ ihn an der Grenze passieren. Er war wieder in Berlin. Warum kehrte er zurück?

Wenn man je in Kästners Leben den Beweis dafür suchen sollte, daß er keineswegs nur ein Bürgerschreck war, sondern auch ein unerschrockener Bürger, hier fände man ihn. Er konnte ohne Mühe erraten, was ihn erwartete, ihn, einen erklärten Pazifisten. Warum blieb er nicht in der Schweiz?

Kästner hat sich dazu in seinem Epigramm *Notwendige Antwort auf überflüssige Fragen* geäußert:

Ich bin ein Deutscher aus Dresden in Sachsen.
Mich läßt die Heimat nicht fort.
Ich bin wie ein Baum, der, in Deutschland gewachsen,
wenn's sein muß, in Deutschland verdorrt.

In lebensgefährlichen Situationen muß jeder nach seiner Fasson entscheiden. Kästners Auseinandersetzung mit den Nazis begann und endete mit dem Anspruch auf seine staatsbürgerlichen Rechte. Rechthaberei? Vielleicht. Wahrscheinlich. Rechthaberei unter Lebensgefahr? Das mutet sehr unklug an.

Ich blieb, um Augenzeuge zu sein, schrieb Kästner später. Der rechthaberische Bürger wollte Zeuge des Unrechts werden, das am bürgerlichen Recht geschah. Und zwar am Ort der Tat. In einem Punkt jedoch behielt er nicht recht: Er hatte ein früheres Ende der Diktatur erwartet. Dieser Irrtum kostete ihn zwölf Jahre seines Schriftstellerlebens.

Das Autodafé, an dem sich am 10. Mai 1933 in Berlin auf dem Opernplatz Studenten mit Sturmriemen unterm Kinn beteiligten, glich einer technisierten Hexenverbrennung. Schon am 6. Mai war ein Rundschreiben an alle Buchhändler ergangen: «Der Kampfausschuß ersucht Sie hiermit, aus Ihrer Leihbücherei und aus dem Vertrieb all die Literatur zu entfernen, die Sie auf der anliegenden ‹Schwarzen Liste› vermerkt finden... damit diese Bücher am 10. Mai auf dem Opernplatz öffentlich verbrannt werden können. Wir behalten uns vor, jene Büchereien, die unseren Kampf in der erbetenen Weise unterstützen, in einer besonderen Aktion als im völkischen Sinn zuverlässig und empfehlenswert bekanntzugeben.»

Aus der «Schwarzen Liste» seien einige Autoren genannt: Brecht, Döblin, Heinrich Mann, Thomas Mann (mit einigen Werken), Plievier, Remarque, Schnitzler, Tucholsky, Rathenau, Ernst Glaeser, Polgar, Lernet-Holenia, Heuss, Freud; Übersetzungen von Sinclair, Barbusse, Gorki, Wells, Jack London, Dos Passos, Hašek, Hemingway, Joyce. Auch Kästner war unter den Genannten. Und er war auch unter denen, die diesem unheimlichen Spuk beiwohnten, den der neugewählte «Zeitgeist» Goebbels mit greller Stimme kommentierte.

Der Scheiterhaufen loderte und beleuchtete gespenstisch die Universität, deren höchster Wert, die geistige Freiheit, symbolisch vernichtet wurde. Mit den Worten «Gegen Dekadenz und moralischen Zerfall! Für Zucht und Sitte in Familie und Staat! Ich übergebe den Flammen die Schriften von Heinrich Mann, Ernst Glaeser und Erich Kästner!» flogen auch seine Bücher ins Feuer. Eine vorwitzige Schauspielerin schrie plötzlich: «Dort steht ja Kästner!» Da entfernte sich der verbotene und «verbrannte» Autor vom Schauplatz des vandalischen Exzesses.

Als Kästner im September 1934 auf der Dresdner Bank am Olivaer Platz Geld abheben wollte, erfuhr er, daß sein Konto gesperrt sei. Warum? Das wisse man nicht. Dann möge man sich umgehend erkundigen! Er komme am übernächsten Tag wieder. Er kam wieder. Kaum hatte er den Kassenraum betreten, fühlte er eine Hand auf der Schulter, und eine Stimme dröhnte: «Sie sind verhaftet! Folgen Sie mir unauffällig!» Kästner bat, noch telefonieren zu dürfen. Er rief seine Sekretärin, Elfriede Mechnig, an, berichtete von seiner Verhaftung und trug ihr auf, sich mit Rechtsanwalt Dr. Somborn in Verbindung zu setzen. Als der Gestapobeamte in eine Straßenbahn steigen wollte, winkte Kästner einem Taxi. Der Gestapobeamte protestierte: «Nur wenn Sie's bezahlen.» Man fuhr per Taxi in die Prinz-Albrecht-Straße und sprach über die steigenden Kartoffelpreise. Sich über näherliegende Themen zu unterhalten, war dem Beamten verboten.

Die «Prinz-Albrecht-Straße», der Sitz der Gestapo, hatte schon damals einen so mittelalterlich grausamen Ruf, daß jeder, der dorthin gebracht wurde, tödlich erschrak. Die forschen jungen Männer im Büro, in das man Kästner führte, begrüßten ihn mit zynischem Hallo. «Ha! Da kommen ja Emil und die Detektive!» rief einer. Die Kumpane lachten. Dann begann das Verhör. Mit Protokollführer und Stenotypistin. Kästner wurde bezichtigt, seit längerer Zeit in Prag zu leben und von dort aus gegen die deutsche Regierung zu schreiben. Als Beweis legte man ein Gedicht vor, das in einer Prager Emigrantenzeitschrift erschienen war. Es war von Kästner. Ein altes «Montag Morgen»-Gedicht. Nur – die letzten drei Strophen, die waren nicht von ihm! Und diese zwölf Zeilen strotzten von aktuellen Angriffen auf das Dritte Reich. Jetzt ging's um zwölf Zeilen und um den Kopf. «Wie können Sie beweisen, daß die letzten drei Strophen nicht von Ihnen stammen?»

Glauben Sie, ich hätte die Absicht gehabt, mich dem «Regime» wegen drei Strophen ans Messer zu liefern? Noch dazu mit vollem Namen? Ich lebe ja nicht in Prag! Ich lebe nach wie vor in Berlin. Dafür gibt's bis zu meinem Hausmeister in der Roscherstraße Zeugen genug. Die Gestapobeamten schwiegen. Kästner fuhr fort: *Die einfachste Stilanalyse dürfte beweisen, daß die drei Strophen nicht von mir sind. Außerdem schlagen Sie mal in den alten Jahrgängen des «Montag Morgen» nach!* Einer der Kriminalbeamten verließ den Raum. Es folgten bange lange Schweigeminuten. Als der Mann zurückkam, gab er Kästner seinen Paß zurück. Er sagte: «Sie können gehen!» Die jungen Männer brüllten munter «Heil Hitler!» Kästner grüßte: *Auf Wiedersehen!* und erschrak sogleich über den Aberwitz seines Grußes. Als er endlich alle verschlossenen Gittertüren wieder passiert hatte und vom letzten Wachtposten auf die Straße hinausgelassen worden war, atmete er tief auf, bevor er weiterschritt.

Dr. Somborn brauchte ein ganzes Jahr, um das Konto freizubekommen. Kästner hatte vergessen, sich die Nummer des Zimmers zu merken, in dem er vernommen worden war. Wahrscheinlich hatte es gar keine Nummer.

Bücherverbrennung auf dem Schloßplatz in Berlin am 10. Mai 1933

Die über Nacht mit allen Vollmachten ausgestattete Nazibürokratie arbeitete indessen ebenso gründlich wie zusammenhanglos. Mißverständnisse mit tödlichem Ausgang wurden alltägliches Ereignis. Man hieß Schmid und wurde erschossen. Gemeint war Wilhelm und nicht Wilhelm Ed. Schmid. Auf dem Friedhof stellte sich heraus, daß man einen toten Schmid zuviel hatte.

Im Herbst 1934 erschien im Buchhändlerbörsenblatt die ganzseitige Anzeige eines neuen Kästner-Buches, *Drei Männer im Schnee.* Goebbels tobte. Eine Stunde später hatte die Deutsche Verlags-Anstalt bereits die Mitteilung von Kästners erneutem und endgültigem Verbot in Händen. Man habe ihm nur erlaubt, «für sich» zu schreiben und es dem «Promi», dem Propagandaministerium, vorzulegen. Das Verbot lief unter der Spitzmarke «Unerwünscht und politisch unzuverlässig». Doch später erteilte man ihm die Genehmigung, im Ausland zu veröffentlichen. So erschien das Buch 1934 bei Rascher in Zürich.

Der stellvertretende Präsident der Reichsschrifttumskammer, ein Dr. Wismann, bot Kästner eine «Chance». Er trug ihm unter vier

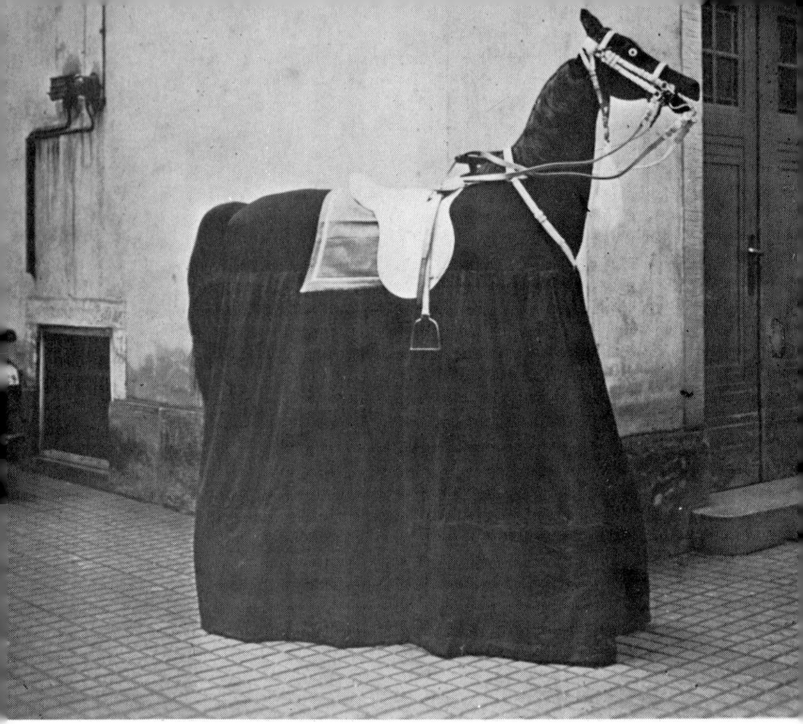

Das lebensgroße Pferd, vom Vater Kästner heimlich gebastelt

Augen an, in der Schweiz eine deutsche Zeitschrift herauszugeben. Sie solle Stimmung gegen die Emigranten machen. Das Propagandaministerium werde sie, getarnt, finanzieren. Kästner entging der ekelhaften Zumutung mit Logik und Eleganz. Zu viele dieser Emigranten seien bekanntermaßen seine Freunde. Niemand im Ausland werde ihm den Gesinnungswechsel glauben.

Später erschien in der Prager Emigrantenzeitung «Westland» wie ein Aberwitz folgende Nachricht: «Tja, auch der Autor des *Fabian* hat sich gleichgeschaltet, hat sich Nummer und Nadel geholt. Trägt das braune Hemd, hebt die Hand zum deutschen Gruß ...»

Und Professor Kindermann vollzog seine Gesinnungskehrtwendung in dem Beitrag «Idealismus und Sachlichkeit in der deutschen Gegenwartsdichtung», worin er genau das Gegenteil seiner 1930 geäußerten Meinung zum besten gab. Unter anderem hieß es nun: «Kästner, dieser mephistophelische Spötter und Weltverneiner, der bisher in der völligen Vernichtung des Erdballs und seiner Menschheit das Heil gesehen hatte ...» Dieser Professor mit auswechselbarem Gewissen fälschte den «Warner» Kästner in einen «Verneiner»

Dresden, 1934

Der «Alex», das Berliner Polizeipräsidium

um. Kindermann führte sich selbst damit ad absurdum. Aber das wußte er damals noch nicht.

Kästner verwendete nun seinen «Spürsinn für Gefahr» auch für sich selbst. Wenn sich eine Verhaftungswelle in Berlin «ankündigte», fuhr er nach Dresden. Bei einem dieser unerwarteten Besuche überraschte ihn der Vater im Hof der Königsbrücker Straße 38 mit einem lebensgroßen und «fast echten» Pferd, das er heimlich im Keller gebastelt hatte.

Die Fenster wurden aufgerissen. Der Hof füllte sich mit staunendem Volk. Die Kinder steckten den Daumen in den Mund und sperrten die Augen auf. So erzählt Kästner darüber. *Die Mama erschien, blickte erst verblüfft das große Pferd an und dann den kleinen Mann, mit dem sie seit vierzig Jahren verheiratet war und den sie nicht kannte. Und der Papa? Der schnallte die Steigbügel länger, schwang sich auf sein selbstgemachtes Roß, ergriff lächelnd die Zügel, zog die Schirmmütze in die Stirn und ließ sich, in Jockeyhaltung, von Naumanns Richard «6 mal 9» fotografieren.* Die Freude und der Spaß über das Prachtroß verzauberten dem Sohn ein paar Stunden und Tage quälender politischer Sorgen.

Die Nazipolitik ging eilends ihren Weg. Noch mehr Freunde emigrierten. Auch Walter Trier, auch die Verlegerin Edith Jacobsohn. Ihren Buchverlag Williams & Co. übernahm Kurt L. Maschler. Als Kästners Bücher in Deutschland verboten worden waren, gründete Maschler in Basel den Atrium Verlag. Das Büro unterhielt er jedoch in

Wien, da er in der Schweiz keine Aufenthaltsgenehmigung erhalten konnte; die Auslieferung wurde durch den befreundeten Kittls Verlag in Mährisch-Ostrau vorgenommen. Im Atrium Verlag erschienen 1935 *Emil und die drei Zwillinge*; 1936 *Die verschwundene Miniatur* und *Doktor Erich Kästners lyrische Hausapotheke*; 1938 *Georg und die Zwischenfälle* und *Till Eulenspiegel*. Die Leitung des Berliner Verlags übernahm Cecilie Dressler, Edith Jacobsohns langjährige Mitarbeiterin.

Der Not gehorchend und auch, weil es ihm Spaß machte, hatte Kästner sich einer ihm neuen Literaturgattung zugewandt, dem heiteren Unterhaltungsroman. Die Leser im Ausland waren begeistert. Metro-Goldwyn-Mayer kaufte die Filmrechte der *Drei Männer im Schnee* und später *Die verschwundene Miniatur*. In Zusammenarbeit mit einem Freund, der sich das Pseudonym Robert Neuner zulegte, entstand aus dem Roman *Drei Männer im Schnee* ein Bühnenstück mit dem Titel *Das lebenslängliche Kind*. Es wurde von vielen Bühnen angenommen, von einem Dutzend aufgeführt und mitten im Er-

Erich Ohser (e. o. plauen), der Zeichner von «Vater und Sohn», mit seinem Sohn Christian, 1935

folg verboten, nachdem ein österreichischer Journalist naseweis geschrieben hatte: «Kästner tarnt sich ...»

1937 wurde er zum zweitenmal verhaftet. Es war nicht schwer, ihn zu finden, er wohnte nach wie vor in der Roscherstraße. Als er, nach einer mit Freunden durchzechten Nacht und zwei Stunden Schlaf, durch heftiges Klingeln geweckt wurde und öffnete, verschaffte sich, durch «Fuß zwischen die Tür», ein Gestapobeamter Eintritt. Ein zweiter, der sich auf der Treppe versteckt hatte, folgte. Sie durchsuchten die Wohnung und folgten Kästner bis ins Badezimmer: Offensichtlich hatten sie Angst, er könne ihnen oder sich etwas antun. Unter diesen Umständen war es ein kühnes Unternehmen, sich zu rasieren. Aber Kästner zwang sich zur Ruhe und rasierte sich sorgfältig.

Diesmal brauchte er kein Taxi zu bestellen. Ein großer schwarzer Mercedes stand vor der Haustür. Man raste zum «Alex». Wieder wurden, wie in der Prinz-Albrecht-Straße, Gittertüren klirrend hinter ihm abgeschlossen: «Wo leben Sie sonst? Wovon leben Sie? In welchen Verlagen erscheinen Ihre Bücher?» Die ausländischen Verlagsnamen und Buchtitel waren kompliziert. Kästner buchstabierte sie langsam. Der Protokollführer stotterte sie in die Maschine. Das Verhör dauerte drei Stunden. Dann entließ man ihn wieder. Mit Paß. Durch Gittertüren. Klirrend geöffnet. Klirrend geschlossen. Diesmal hatte niemand gewußt, daß er verhaftet worden war. Und am Alexanderplatz, auf dem er dann stand, schien die Sonne. Von nun an hörte Kästner jede Klingel im Magen, und sein Herzleiden machte sich wieder recht störend bemerkbar.

Bei Ausbruch des Naziregimes war auch der Freund und Mitarbeiter Erich Ohser «verhört» worden. Arbeitsverbot war die Folge. Direktor Weyl von Ullstein erreichte schließlich, daß Ohser «unpolitisch» arbeiten durfte. Unter dem Namen e. o. plauen wurde in der «Berliner Illustrirten» 1934 die bezaubernde und erfolgreiche Serie «Vater und Sohn» gestartet. Das lebende Modell dafür war Krischan, Ohsers dreijähriger Sohn. Der große und der kleine Erich sahen sich jetzt nur noch selten. Die «neue Zeit» zerfraß viele Freundschaften und freundschaftliche Gewohnheiten. Der Kreis um Kästner lichtete sich sehr. Die einen waren emigriert. Die anderen wollten sich nicht mehr öffentlich mit ihm zeigen. Manche gingen schnell auf die andere Straßenseite, wenn sie ihn kommen sahen.

1937 trafen sich Walter Trier, der damals in London lebte, und Kästner in Salzburg, um ein gemeinsames Buch vorzubereiten, das während der Festspiele 1938 erscheinen sollte. Trier verwaltete die gemeinsame Spesenkasse. Kästner kam allmorgendlich mit dem Omnibus und ohne Bargeld, im sogenannten «kleinen Grenzverkehr», von Reichenhall herüber; abends fuhr er wieder in sein Hotel nach

Deutschland zurück. So ging es wochenlang. Die Methode war umständlich, aber probat und unverfänglich: Er brauchte dafür keine besondere Erlaubnis amtlicher Stellen. Das war ihm, so kurz nach der zweiten Verhaftung in Berlin, nicht unlieb.

Kästner traf viele alte Bekannte wieder, die Deutschland verlassen hatten und sich darüber wunderten, daß hier ein Schriftsteller aus Berlin und ein emigrierter Maler ungeniert miteinander herumspazierten und arbeiteten. Walter Mehring, der aggressive Lyriker, soeben aus Paris eingetroffen, war – Kästner zuliebe – besonders ängstlich. «Mehring möchte Sie gern wiedersehen», berichtete Trier. «Er wird morgen nachmittag um drei Uhr unter den Arkaden vorm Postamt auf Sie warten. Er wird nicht böse sein, wenn Ihnen die Begegnung aus politischen Gründen nicht erwünscht sein sollte!» Freundschaft unerwünscht? Politische Rücksicht auf braune Spitzel? Man traf sich täglich. Auch Ödön von Horvath gehörte zur Runde. Es war wie in alten Zeiten. Am letzten Abend in Salzburg sagte Horvath zu Kästner: «Wollen Sie wirklich nach Deutschland zurück? Ich hätte davor zu viel Angst!»

Das Buch, das damals *Georg und die Zwischenfälle* und später *Der kleine Grenzverkehr* hieß, wurde rechtzeitig fertig – und kam zu spät. Die Salzburger Festspiele 1938 fanden nicht statt, Hitler marschierte in Österreich ein. Horvath floh nach Paris. Während eines Gewitters erschlug ihn auf den Champs-Élysées ein vom Blitz getroffener Baum.

Der Verleger Kurt Maschler floh nach Holland. Hitler annektierte das Sudetenland, Böhmen und Mähren. Kästners Bücher wurden beschlagnahmt. Hitler marschierte in Polen ein. Der Krieg brach aus. Hitler eroberte Holland. Kästners Bücher wurden beschlagnahmt. Maschler floh nach England. In den Städten war das Licht erloschen. Europa wurde zum Kriegsschauplatz. An der Front und in der Heimat. Sechs Jahre lang.

Die Nazis eroberten Europa, und wohin sie kamen, brachten sie den Galgen und den Pranger mit. Man erschoß, sperrte ein oder diffamierte jene, die der Freiheit zuliebe Kritik übten und dazu mutig und fähig genug waren. Das galt für Politiker und Künstler gleichermaßen. Der braune Pranger war primitiv und wirksam. Vage Begriffe wie «politisch unzuverlässig» erschreckten die schreckhaften Bürger. Das Schimpfwort «Entartete Kunst» flößte den Spießern aller Länder Angst und Schadenfreude ein. Der Begriff «Zersetzende Literatur» erinnerte sie an böse Geister, die Salz- und Schwefelsäure in ihre Köpfe und Herzen träufeln wollten.

Aber so, wie der von den Nazis als «entartet» geächtete Pablo Picasso, dessen Bilder aus öffentlichen und privaten Galerien entfernt

ERICH KÄSTNER GESTORBEN

Als ein Daheimgebliebener, der den Regierern seines Landes gewiss keine Konzession gemacht hat, ist in Berlin kurz vor seinem 43. Geburtstag, der Dichter Erich Kästner gestorben.

Weil ihm zwei Himmelsgeschenke zugefallen waren, Gesinnung und Humor — seltene Gaben im neuen Deutschland —, muss sein frühes Scheiden auch jene Verehrer schmerzen, die nicht so glücklich waren, seine Persönlichkeit zu kennen. Ein bescheidener, anziehender Herzpatient aus Sachsen, so ist er zeitlebens, leise und nobel, dem dröhnenden Markt der Eitelkeiten ausgewichen.

Freilich, als er zuerst mit dem Versband "Herz auf Taille" Ruhm gewann, wirkte er keineswegs so umgänglich. Denn in diesen Gedichten eines Nachfahren Frank Wedekinds wehte die Luft der Nachkriegsgeneration. Skepsis, Pessimismus und der Ehrgeiz, zynisch zu scheinen — so klang es aus den Strophen heraus. "Wir sind die Jugend, die an nichts mehr glaubt."

Aber Kästners Zynismus war durch einen Abgrund von der Gesinnung jener Altersgenossen geschieden, die sich vom Winde der Zeit in die Freikorps treiben liessen. "Kennst du das Land, wo die Kanonen blühn?", so fragte er schon in seinen ersten Liedern, und damals bereits prophezeiten Stimmen aus dem Massengrabe der deutschen Jugend: Ihr lasst euch morgen, wie wir uns gestern, schlachten! Er ist sich treu geblieben, und ohne dass sein Charakter sich korrumpieren liess, reifte seine Kunst. Nun verloren seine Verse das Absichtliche der Provokation, nun stieg sein Witz zum Humor auf.

Aber es war ein aus dem Leide geborener Humor. Sein Roman "Fabian", keine Lektüre für Konfirmanden, malt die Zerrissenheit der deutschen Republik in Schnurren und Schwänken, in denen oft genug die Melancholie eines Einsamen zittert. Desto heiterer spielt seine schöpferische Phantasie in den komischen Situationen seiner "Drei Männer im Schnee", deren Winterkurort auch auf die Bühne verpflanzt worden ist.

Kästners Verlust wird besonders herzlich von einer Lesergruppe betrauert werden, an die sich nur selten ein Erfolgreicher wendet. Denn er hat den "Roman für Kinder" in Erzählungen entwickelt, deren klassisches Beispiel "Emil und die Detektive" heisst, die Geschichte jener prächtigen Verbrecherjagd, auf der Berliner Kinder einen Dieb zur Strecke bringen. In einem dieser Bücher, im "Fliegenden Klassenzimmer", protestiert der Dichter gegen die konventionelle Lüge, dass es im Lande der Jugend kein Leid gäbe. Aber er ruft seinen kleinen Lesern zu: Macht euch nichts vor! Blickt dem Missgeschick fest ins Auge!

In einem viel zu kurzen Dasein hat sich Erich Kästner das Recht erworben, so männlich zur Generation der Zukunft zu sprechen.

M. J.

Ein Nachruf bei Lebzeiten ging im Mai 1942 durch die ausländische Presse

werden mußten, nach der Besetzung Frankreichs in Paris verharrend spazierenging, so gingen damals in Europa viele Verteidiger der Freiheit, ihre Ächtung verachtend, spazieren. «Entartete», «zersetzende» Geister der Politik, Wissenschaft und Literatur. Unter ihnen Kästner. Weder ein jüdischer noch ein marxistischer Schriftsteller, lebte er in Deutschland als verbotener Autor, dem man Publikationen im Ausland offiziell «erlaubt» hatte. Trotz der von Goebbels dirigierten öffentlichen Meinung klappte der «Einsatz» im Konzert der Propaganda nicht immer. Mit dem Etikett «Zersetzende Literatur» hatte man Kästner 1933 verfemt, und doch lief der Film *Emil und die Detektive* noch im Januar 1937, am «Tag der Deutschen Polizei», in vielen großen Kinos «zum Hauptspaß für die Kinder», wie der «Völkische Beobachter» am 24. Dezember 1936 vorausblickend verkündet hatte.

Die Nazis sind verschwunden, ihre Slogans aber noch nicht. Es ist ein Verdienst des Schweizer Schriftstellers Max Frisch, daß er sich in seiner Rede über «Das Engagement des Schriftstellers heute» auch mit dem Begriff der «Zersetzenden Literatur» beschäftigte: «Alles Lebendige hat es in sich, Widerspruch zu sein. Es zersetzt die Ideologie, und wir brauchen uns infolgedessen nicht zu schämen, wenn man uns vorwirft, unsere Schriftstellerei sei zersetzend. Wir brauchen es nicht an die große Glocke zu hängen: aber das ist ja unser Engagement!»

Kästner und seine Freunde waren völlig überrascht, als ihm 1942 plötzlich mündlich eröffnet wurde, ihm sei die Sondergenehmigung erteilt worden, zum fünfundzwanzigjährigen Jubiläum der Ufa das Drehbuch für einen Film zu schreiben. Es kam ihm gelegen, denn sein Einkommen, das heißt, die Einnahmen aus dem Ausland, hatte sich in dem Blitztempo verringert, in dem Hitler Europa besetzte. Zum Glück hatte Metro-Goldwyn-Mayer die Honorare für die beiden Stoffe *Drei Männer im Schnee* und *Die verschwundene Miniatur* gezahlt, obgleich man in Hollywood die *Miniatur* nicht mehr drehen konnte, weil der Autor ein Deutscher war.

Auch die Zahl der Freunde schrumpfte immer mehr. Nur noch die Unentwegten saßen im «Café Léon» am Stammtisch: der Drehbuchautor Eberhard Keindorff, der Freund Werner Buhre, der Ufa-Herstellungsgruppenleiter Eberhard Schmidt, die treue Sekretärin Elfriede Mechnig und wenige andere. Und im «Bardinet», in dieser winzigen Bar, Schlüterstraße, Ecke Kurfürstendamm, traf sich trotz des Bombenkrieges ein Stammtisch, ein paar Freunde – Männer und hübsche Mädchen –, die sich nicht scheuten, mit Kästner zusammenzusitzen, zu trinken und zu würfeln. Als eines Abends dort erzählt wurde, daß es bei der Gestapo auch eine Akte über den «Kästnertisch» im «Bardinet» gäbe, wurde ein einziger der Runde untreu. Der witzige Wirt Hermann Foese und die «Hebe» Lissy kochten aus Nichts und erschlichenem Paprika vor und nach Bombenangriffen atemberaubende Gulaschsuppe. Manchmal war es so lustig, daß man vor Gelächter den Alarm nicht hörte und erst bei der Entwarnung mit den Koffern auf die Straße stürzte, um in den nächsten Luftschutzkeller zu laufen.

Als Eberhard Schmidt unvermutet anfragte, ob Kästner das Drehbuch für den Jubiläumsfilm der Ufa schreiben wolle, teilte er zugleich mit, daß alle «offiziellen Dinge» geregelt seien. Ministerialrat Dr. Fritz Hippler, der Reichsfilmintendant, blieb die einzige amtliche Person, die sich im Zusammenhang mit der Sondergenehmigung nennen und auch sehen ließ. Eine schriftliche Erlaubnis existierte nicht. Das Ganze blieb bis heute mysteriös.

Die Ufa-Direktion wollte, mit Hans Albers, den Roman «Der tolle Bomberg» von Josef Winckler verfilmen. Kästner schlug statt dessen *Münchhausen* vor. Man war sofort einverstanden. Kästner schrieb das Drehbuch, Josef von Baky führte Regie.

Es wurde ein Film, in dem jede Rolle eine Hauptrolle war, und die von Albers eine Bombenrolle. Er wurde 1943 im Ufa-Palast am Zoo, kurz vor dessen Zerstörung, uraufgeführt. Er hatte großen Erfolg – aber er hatte keinen Autor. Der pompöse Vorspann begann mit der Mitteilung «Musik von Georg Haentzschel». Denn noch vor der Premiere hatte sich Hitler einige Szenen des Films im Hauptquartier vorführen lassen. Als man ihm berichtete, wer der Autor sei, schäumte er, und Kästner wurde daraufhin sofort wieder und zwar «restlos» verboten, diesmal auch fürs Ausland. Aber das erfuhr er nicht sogleich. Die Ufa-Direktion verschwieg es ihm, in der Hoffnung, den Fall «bereinigen» zu können.

Indessen hatte Kästner ein zweites Drehbuch geschrieben. *Der kleine Grenzverkehr,* nach seinem in Deutschland verbotenen Buch *Georg und die Zwischenfälle.* Bei den Außenaufnahmen in Salzburg kam es immer wieder zu amüsanten Zwischenfällen. Denn zur selben Zeit drehte Herbert Maisch «Musik in Salzburg». Für diesen Film wurde die Stadt in ein Nazifahnenmeer getaucht. Sobald Maisch anderswo drehte, telefonierte Hans Deppe, der Regisseur des *Kleinen Grenzverkehr,* mit der Stadtverwaltung und ordnete an: «Fahnen herunter!» Denn in Kästners Film kamen keine Hakenkreuzfahnen vor. Wenn Maisch weiterdrehen wollte, kommandierte er: «Fahnen hoch!» Die Fahnen wurden wieder gehißt. Während dieses sich wiederholenden Fahnenduells schrieb Kästner ein neues Filmtreatment: *Das doppelte Lottchen.*

Mitten in dieser Arbeit erhielt er nun die Mitteilung von dem radikalen Verbot. Er schrieb trotzdem das Exposé fertig. Die Ufa gab ihm die Rechte zurück. Die Absicht des totalen Verbots war nicht mißzuverstehen: Man wollte ihn wirtschaftlich erledigen. Daß «etwas los sei», hatte Kästner längst geahnt. Denn nichts ist in einer Diktatur beredter als ein Telefon, das plötzlich schweigt. Diese drahtlose Mitteilung war kaum mißzuverstehen gewesen. Indessen lief der «Münchhausen»-Film in Hitlers Europa mit stürmischem Erfolg. Und allabendlich konnte man die Warnung des alten Casanova (Gustav

Hans Albers als Titelheld in dem Film «Münchhausen»

Der Präsident der Reichsschrifttumskammer

Berlin-Charlottenburg 2, den 14. Januar 194
Hardenbergstraße 6 — Fernruf: 31 00 17
Sprechst.: Dienstag bis Freitag von 11–13 Uhr

II-010210-Do.

Herrn
Erich K ä s t n e r,

Berlin-Charlottenburg.
Roscherstr.16

Auf Grund einer neuerlichen Entscheidung der Reichskulturk
wird die Ihnen unter dem 25.7.1942 erteilte Sondergenehmigung w
rufen. Sie sind somit nicht mehr berechtigt, im Zuständigkeitsbe
reich der Reichsschrifttumskammer als Schriftsteller tätig zu se
Zuwiderhandlungen gegen diese Berufsuntersagung können von mir g
mäss § 28 der Ersten Durchführungsverordnung zum Reichskulturkam
gesetz mit Ordnungsstrafen belegt werden.

Im Auftrage:

Endgültiges Berufsverbot, 14. Januar 1943

Erich Knauf

Waldau) an Prinzessin Isabella (Ilse Werner) hören: «Die Staatsinquisition hat zehntausend Augen und Arme. Und sie hat die Macht, recht und unrecht zu tun!»

Die Luftangriffe auf Berlin wurden inzwischen immer heftiger. Im Februar 1944 brannte Kästners Wohnung ab. Er wohnte nun bei Luiselotte Enderle, mit der er befreundet war, in der Sybelstraße und schrieb dort an der Komödie *Chauvelin* und hin und wieder ein Epigramm. Die große Kunst der knappsten Formulierung hatte ihn seit jeher gereizt: in präzisester Form «Erwartung zu wecken und pointierend Aufschluß zu geben», wie Lessing es formuliert hat.

Hitlers Europa begann wieder kleiner zu werden. Kästner wurde zweimal gemustert und wegen des alten Herzleidens ausgemustert. Er folgte der Einladung eines Bekannten, in dessen verwaistem Haus in Babelsberg für einige Zeit Quartier zu nehmen. Mit der unentbehrlichen hellbraunen Kaffeemühle im alten Rucksack, den der Vater einst genäht hatte, zogen Erich und Lotte dort ein.

Die Freunde Erich Ohser und Erich Knauf wurden am 28. März 1944 von der Gestapo verhaftet. Am 6. April 1944 wurde Knauf zu

Die Frauenkirche in Dresden. Zeichnung von Erich Kästner, 1944

Beginn der Verhandlung vor dem Volksgerichtshof vom Präsidenten Freisler mitgeteilt, daß Ohser in der Zelle Selbstmord verübt habe. Am 3. Mai 1944 wurde Knauf hingerichtet. Der vorgebliche Grund hieß «Defätistische Äußerungen im Luftschutzkeller». Die Henkerskosten, 300 RM, wurden bei der Witwe einkassiert. – Reden war lebensgefährlich.

Eine Verhaftungswelle ging über das Großdeutsche Reich hin, das an der Front eine Schlacht nach der anderen verlor. Kästner war gerade in Dresden und zeichnete, als ob er ahnte, daß er sie nie wiedersehen würde, die Frauenkirche. Das war am 20. Juli, am Tage des Attentats auf Hitler. Kästner kehrte nach Babelsberg zurück. Dort erklärte der Hausherr unverblümt: «Ihr müßt sofort nach Berlin zurück! Heute noch!» Konsterniert fuhr man, den kleinen Rucksack über die Schulter gehängt, wieder ab. Erst nach dem Krieg folgte dem Hinauswurf die Erklärung: Der Hausbesitzer war insgeheim informiert worden, daß man in Babelsberg und Potsdam nach weiteren Verschwörern des 20. Juli suchte. Um den verbotenen Autor vor möglichen Gefahren zu bewahren, hatte er ihn kurzerhand vor die Tür gesetzt.

Am 13. Februar 1945 wurde Dresden zerstört. Die Eltern blieben am Leben. Die schöne Stadt war tot. Zur gleichen Zeit wurden die Berliner auf die Straße geschickt, um Barrikaden zu bauen. Die Russen standen in Küstrin.

Die wenigen, die noch in Berlin waren, wurden von panischer Untergangsstimmung erfaßt. Eberhard Schmidt bot Kästner an, sich einer «Filmexpedition ins Zillertal» anzuschließen. Man wolle dort einen Film drehen. Es war Mitte März 1945. Kästner hatte keinerlei Papiere, die ihm erlaubt hätten, Berlin zu verlassen. Für jede Reise brauchte man die Bestätigung, daß sie kriegswichtig sei. Wer sollte einem verbotenen Autor solch eine Bestätigung geben? Nachdem er sich entschlossen hatte, dem bevorstehenden Chaos zu entweichen, wurden ihm innerhalb weniger Stunden die nötigen Papiere von hilfreichen Freunden «hergestellt». Er hob in der Bankfiliale, wo man ihn im September 1934 verhaftet hatte, sein letztes Geld ab. Er verlangte, weil er das für weniger verdächtig hielt, Reiseschecks. Da man zufällig keine Reiseschecks zur Hand hatte, nötigte man ihm Bargeld auf. Das war sein Glück, wie er bald merken sollte.

In einem DKW fuhren Eberhard Schmidt und Kästner nach Süden. Tiefflieger bombardierten die Autobahn. Man kam ohne Schaden davon. Aber im Fränkischen Jura begann der Wagen zu brennen. Man löschte den Brand hastig mit Schnee und traf schließlich ungeschoren in Tirol ein.

In Mayrhofen, im Zillertal, erfuhr Kästner, daß man ihm Reiseschecks gar nicht mehr eingewechselt hätte. Die Geschäftsverbindungen mit Berlin waren unterbrochen. Das Großdeutsche Reich war nur noch so schmal wie ein Handtuch: Die Amerikaner und die Russen näherten sich der Elbe.

Kästner fand in Mayrhofen, das von Flüchtlingen überfüllt war, eine unbeheizbare Dachkammer bei der ebenso rigorosen wie besorgten Hebamme des Ortes. Der Wind wehte den Schnee durch die feinen Ritzen der Holzwand, das Waschwasser fror im Krug ein. Aber was machte das? Die Filmgruppe, zu der auch Lotte gehörte, baute sich bei sonnigem Wetter irgendwo vorm Ort auf, recht sichtbar für die Einwohner, und mimte «Aufnahme». In Wirklichkeit ließ man die Kamera leer laufen. Denn man wollte auch nicht einen Zentimeter des kostbaren Filmmaterials verschwenden, sondern sparte es für «nach dem Krieg» auf. Es war so, als fände der Krieg in einem fernen Land statt. Es schien nur so . . .

April 1945. Der Ortsgruppenleiter von Mayrhofen im Zillertal beordert die dreißig Männer der Filmgruppe – Architekten, Schreiner, Kameraleute, Autoren, Friseure, Schauspieler, Dramaturgen, Beleuch-

März 1945: Zuflucht in Mayrhofen, Zillertal, «Pension Steiner»

ter, Aufnahmeleiter, Tonmeister – zum Volkssturm nach Gossensass in Südtirol, schrieb Kästner in sein Tagebuch.

Die Kasernen dort, so hörte man, seien hoffnungslos verwanzt. Sie lagen am Brenner, der dauernd bombardiert wurde. Der Mann, der die Gestellungsbefehle austrug, strahlte, weil es dem «Filmgesindel» endlich an den Kragen ging.

April 1945. Obwohl der Kontakt mit Berlin unterbrochen ist, gelingt es dem Produktionsleiter, unsere Einberufung rückgängig zu machen. Wir kaufen von den Bauern fürs letzte Geld Butter in gelben Klumpen und zehnpfundweise Schweizerkäse. Nur Brot ist knapp. Lottchen strickt für eine Kellnerin Kniestrümpfe mit Zopfmuster. Die Kellnerin beschafft uns Brot ...

Kästner, der erst während des Krieges den Radioapparat akzeptiert hatte, hing mit dem Ohr an dem schrillen Holzkasten. Im Dorf wurden Gefallenenmeldungen ausgetragen. Der Nazibürgermeister ging mit, kondolierte und forderte auf, für den Führer durchzustehen, bis zum Ende. Wenn er draußen war, bekamen die Mütter und Frauen Schreikrämpfe. Sie warfen das Hitlerbild auf den Misthaufen. Am nächsten Tag hing es wieder neben dem Haussegen. Es wurde Mai. Man lebte mit dem Herzen und mit den Augen in der überwältigend schönen Natur. Und mit der Uhr in der Hand ...

Mai 1945. Großdeutschland hat kapituliert. Der Ortsgruppenleiter ist über Nacht spurlos verschwunden. Die Verdunkelung wird aufgehoben ...

Was für eine Nacht, diese erste Nacht, in der die Lichter wieder schimmerten, nach sechs Jahren tiefster Dunkelheit!

Mai 1945. Zwei amerikanische Panzer halten beim Kramerwirt, der nun, als Freund Schuschniggs, Bürgermeister geworden ist ...

Eines Tages fuhr vor dem Haus der Hebamme Steiner ein verstaubter Jeep vor. Zwei schlanke Herren in Uniform fragten nach Mister Eric Kästner. Es waren «Kulturfachleute». Ein Mister Kennedy und Mister Peter de Mendelssohn, ein alter Bekannter, ein gebürtiger Dresdner, ein Emigrant. Er hatte sich indessen auch in England einen Namen als Schriftsteller erworben und war, Kästner suchend, nach Mayrhofen gekommen. Er berichtete von einem großen Zeitungsprojekt, für das man Kästners Mitarbeit erhoffe. Das Wiedersehen war herzlich und kurz. Man würde Nachricht geben, wenn es soweit sei.

Ein Licht in die Zukunft war angesteckt worden. Da raunte eines Abends jemand Kästner zu: «Heute nacht ziehen die Amis ab, und die Marokkaner kommen.» Eine andere Besatzung bedeutete andere Zonengrenzen. Man mußte sofort Entschlüsse fassen. Der Regisseur Harald Braun mietete einen Lastwagen. Mit Kisten und Koffern, in fliegender Eile zusammengepackt, fuhren ein paar Filmleute im Morgengrauen ins Bayerische. Mit ihnen Kästner und Lotte.

August 1945. Zwischenstation Schliersee. Keine Verbindung mit Berlin, Leipzig, Dresden, nicht einmal mit München. Es ist, als läge die übrige Welt auf dem Mond ... Mein letztes Paar Schuhe ist hin. Ein abgemusterter deutscher Leutnant hilft mir aus ... Unser letztes Geld ist bis zum allerletzten zusammengeschrumpft. Wir stecken fest, wie Nägel in einer Wand. Wer wird uns herausziehen? Und wann? Da, eines Tages hält ein wackeliges Auto vor dem Bauernhaus. Man holt uns für ein paar Tage nach München. Einige Schauspieler wollen dort ein Kabarett eröffnen ...

Aus ein paar Tagen wurde ein neuer Lebensabschnitt.

Es war sehr schwierig gewesen, in der zerbombten und überfüllten Stadt eine Unterkunft zu finden. Das Zimmer Nr. 4 in der Pension Dollmann, in der Thierschstraße, hatte keine Fensterscheiben. Wer hatte schon welche? Aber es war geräumig und lag genau gegenüber dem Wohnungseingang. So konnten die Besucher vom frühesten Morgen an direkt mit der Pensionstür ins Zimmer fallen. Und das taten sie ungeniert, ob man noch im Bett lag oder in die Hose fuhr.

München war der Sammeltopf für alle geworden, die in West- oder Süddeutschland lebten oder untergekrochen waren und nun eine neue Existenz aufbauen wollten. Schriftsteller, Maler, Komponisten, Schauspieler, Sänger, Regisseure, Journalisten, Fotografen, Filmleute und allerhand große und kleine Geschäftemacher zwischen allen Berufen trafen sich «bei Kästner», im Hof der Kammerspiele, im «Spatenbräu» und im «Conti-Keller», um zu beraten.

Aus Plänen wurden sehr schnell Taten. Unter der Leitung von Rudolf Schündler und Eberhard Schmidt entstand Münchens erstes Nachkriegskabarett, «Die Schaubude». Sie fand ihre Unterkunft zunächst in den unzerstörten Kammerspielen. Im Eröffnungsprogramm rezitierte man, zum erstenmal seit 1933 wieder «erlaubt», Gedichte von Kästner. Noch waren es keine neuen Gedichte. Aber gerade die Gültigkeit der alten Strophen erregte das Publikum. Max Kraus, in Augsburg geboren, jetzt in amerikanischer Uniform, gründete die «Münchener Zeitung». Dort erschien Kästners erste Theaterkritik nach 1945. Sie behandelte das Stück «Die Hammelkomödie» von Hans Wolfgang Hillers (nach der mittelalterlichen französischen Komödie «Maître Pathelin»). Sie war im letzten Programm des Dritten Reiches aufgeführt worden. Und man eröffnete mit dieser Hammelkomödie

München 1945

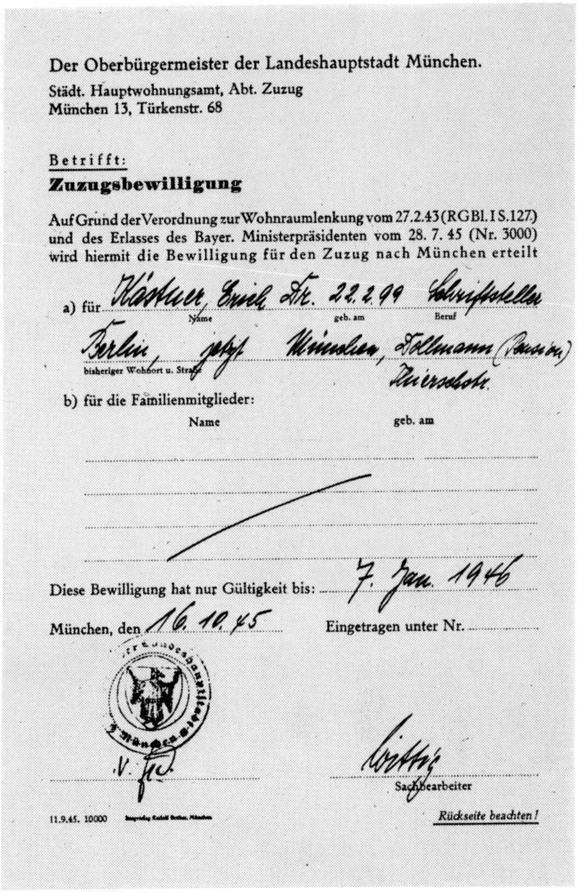

Der Oberbürgermeister der Landeshauptstadt München.

Städt. Hauptwohnungsamt, Abt. Zuzug
München 13, Türkenstr. 68

Betrifft:

Zuzugsbewilligung

Auf Grund der Verordnung zur Wohnraumlenkung vom 27.2.43 (RGBl. I S. 127) und des Erlasses des Bayer. Ministerpräsidenten vom 28. 7. 45 (Nr. 3000) wird hiermit die Bewilligung für den Zuzug nach München erteilt

a) für Kästner, Erich Dr. 22.2.99 Schriftsteller
Name geb. am Beruf

Berlin, jetzt München, Dollmann (Pension) Thierschstr.
bisheriger Wohnort u. Straße

b) für die Familienmitglieder:

Name geb. am

Diese Bewilligung hat nur Gültigkeit bis: 7. Jan. 1946

München, den 16. 10. 45 Eingetragen unter Nr.

Sachbearbeiter

11.9.45. 10000

Rückseite beachten!

Die Zuzugsbewilligung nach München

munter das Kulturleben des Vierten Reiches. Daß er dies kritisierte, trug dem Rezensenten verbitterte und ausführliche Anfeindungen ein. Denn der Sinn für Kritik war, wie der Sinn für objektive Maßstäbe überhaupt, in den zwölf Jahren des Tausendjährigen Reiches weithin verlorengegangen. Viele mußten erst wieder lernen, daß im freien Wettbewerb andere Ansprüche, Maßstäbe und Spielregeln zu gelten hatten.

Im Spätsommer 1945 bot man Kästner die Leitung des Feuilletons der geplanten «Neuen Zeitung» an. Captain Hans Habe, erprobter Zeitungsexperte der amerikanischen Militärregierung, sollte sie in

«Marschlied 1945». Chanson von Erich Kästner, Musik von Edmund Nick, vorgetragen von Ursula Herking im zweiten Programm des Kabaretts «Die Schaubude», Frühjahr 1946

Als Feuilleton-Redakteur der «Neuen Zeitung», mit seiner Mitarbeiterin Luiselotte Enderle

den Restgebäuden des «Völkischen Beobachters» starten. Kästner nahm an.

Die Vorbereitung für eine solche Millionenzeitung war nicht einfach. Der Briefverkehr innerhalb der US-Zone wurde erst am 8. Oktober 1945 wieder zugelassen. Und wer, den man erreichen wollte, war wo? Kästner berichtet über diese Zeit: *Im Auto fahren wir im Land umher und trommeln Mitarbeiter zusammen. Wo kriegen wir Bücher her? Woher ein Archiv? Woher einen Musikkritiker? Wir arbeiten Tag und Nacht. Es geht zu wie bei der Erschaffung der Welt ... Am 18. Oktober 1945 erschien die erste Nummer der «Neuen Zeitung», am 1. Januar erschien bei Rowohlt in Stuttgart das erste Heft des «Pinguin», unserer neuen Jugendzeitschrift.*

Nach dreizehn Jahren wurde wieder ein Kästner-Buch verlegt. Die Versauswahl *Bei Durchsicht meiner Bücher.* Und die «Schaubude» eröffnete ihr eigenes Haus in der Reitmorstraße mit ihrem zweiten Programm.

Für dieses Programm schrieben, wie noch für viele folgende, Axel von Ambesser, Helmuth Krüger, Herbert Witt und Kästner die Texte. Edmund Nick war der Komponist. Ursula Herking wurde der unumstrittene Star. Sie sang unvergeßlich das *Marschlied 1945*, das Lied des Fußvolkes der Großdeutschen Niederlage. Das Publikum, das zum großen Teil diese traurig-tapfere Wanderung gerade hinter sich gebracht hatte, nahm es mit heftigem Beifall auf. Angehörige der Militärregierung kritisierten ebenso heftig: «Die Deutschen marschieren schon wieder!» Die Tore zur Verständigung waren geöffnet worden. Und von beiden Seiten schlich sogleich auch das Mißtrauen hindurch.

Kästner, erprobter Rationalist und Skeptiker, gehörte zu denen, welche die ebenso hoffnungsvolle wie kritische Situation klar überblickten: *Warum rackere ich mich ab ...? Wer jetzt an seine «Gesammelten Werke» denkt statt ans tägliche Pensum, soll es mit seinem Gewissen ausmachen. Wer jetzt Luftschlösser baut, statt Schutt wegzuräumen, gehört vom Schicksal übers Knie gelegt.*

Kästner gehört nicht zu denen, die im Elfenbeinturm dichten. Sondern zu denen, die immer wieder getrieben werden, sich der Gegenwart zu stellen. Als Satiriker, als Humorist oder als Kinderbuchautor ist er immer der «Verteidiger der Menschenrechte». Er verteidigt die Menschen und den Menschen. Nach einer Zeit des Unrechts mußte wieder Recht erstehen. Nach einer Zeit der Diktatur wieder Demokratie. Nach dem Terror die Versöhnung zwischen Ordnung und Freiheit, zwischen Staat und Bürger. Hierfür galt es zu wirken.

Dabei verdroß es ihn, daß er als Schriftsteller wieder kostbare Zeit verlor; *... daß ich nun in einem fort im Büro sitze, am laufenden Band Besuche empfange, redigiere, konferiere, telefoniere, depeschiere,* *rezensiere und schimpfiere!*, äußerte er ärgerlich. *Daß ich mein Privatleben eingemottet habe und nur noch schlückchenweise schlafe und an manchen Tagen aussehe, als sei ich ein naher Verwandter des Tods von Basel!*

Für den «Sofortbedarf» entstand auch das *Deutsche Ringelspiel 1947*. Als Marionetten, am Gängelband der Zeit, erscheinen die typischen Nachkriegsfiguren: die Flüchtlingsfrau, die keiner will; der Schieber, der alles hat; der Heimkehrer, auf den niemand wartet, außer der verspätete Tod; das Frauenzimmer, das voller Verachtung und Profitgier der Zeit entreißt, was sich bietet; die Jugend, die diese Zeit anfleht, Zeit für sie zu haben; der Politiker, der die Leute mit Parteislogans einseift; der taumelnde Halbwüchsige. Und der Widersacher, der allen zynisch zuruft:

Ablösung vor! Ihr erbt den Schrott und Schund.
Es ist, als ob wir's abgesprochen hätten!
Wir richten Deutschland jedesmal zugrund –
und dann kommt ihr und dürft es retten.
Dann schau'n wir zu und schimpfen euch Verräter
und spotten all der Fehler, die ihr macht.

Zum erstenmal wieder in Berlin.
Rundfunkinterview am Bahnhof Wannsee, September 1946

Habt ihr das Land dann wieder hochgebracht,
entsenden wir die ersten Attentäter
und werben für die nächste Völkerschlacht!
Soviel für heute, alles andre – später!

Der Krieg war zu Ende. War das Grund genug, dem Frieden zu trauen? Ein Schweizer Literat äußerte sich 1950 über Kästners damaliges Schaffen: «Er schrieb Kabarettnummern, schrieb Artikel gegen unkluge Maßnahmen der Besatzungsarmeen, selbst auf die Gefahr hin, als Reaktionär zu gelten. Er kroch auch jetzt nicht zu Kreuze.»

Das, was Kästner später unter dem Titel *Der tägliche Kram* in einem Buch zusammenfaßte, hätte ebensogut, wie seinerzeit, *Gesang zwischen den Stühlen* heißen können. Er schrieb *Frieden* und *Freiheit* und *Gerechtigkeit*. Das waren für ihn die Werte, für die es lohnte, sich einzusetzen – und keine politischen Schlagworte, als die sie von kleinen und großen Machthabern schon wieder mißbraucht wurden. Er fühlte sich in jener chaotischen Gegenwart für die Zukunft mitverantwortlich, mit jedem Gedanken, mit jeder Tat, mit jedem, der an dieser Zukunft mitarbeitete.

Wiedersehen mit den Eltern nach dem Krieg, Dresden 1946

Kästner behauptete, sein *Privatleben eingemottet* zu haben. Doch es lief ihm nach. Ganz unerwartet bot man ihm, Anfang 1946, eine möblierte Wohnung an. Möbliert! Das war, was er wollte. Nur kein neues Eigentum! Nur das Rucksackgefühl bewahren! So zogen er und Lotte nach Schwabing, in die Fuchsstraße.

Damals hieß für viele die Alternative: München oder Hamburg. Für Kästner gab es keine Wahl. Wenn es nicht mehr Berlin sein konnte, dann München. Diese ländlich breite ehemalige Residenzstadt hatte den Sinn für das «laissez faire», für den Lebensgenuß und die Lebensfreude nicht verloren. Dem Dresdner mußte München gefallen, wo George, Rilke, die Reventlow, Wedekind, Ringelnatz, Sternheim, Alfred Neumann, Heinrich und Thomas Mann gelebt und sich wohl gefühlt hatten.

1946 fuhr er zum erstenmal wieder in die Heimatstadt, nach einem kurzen Aufenthalt in Berlin. Im Wagen fuhr Kästner heim nach Dresden, Wiedersehensangst im Herzen. Das Haus Königsbrücker Straße 38 sah ganz fremd aus. Im vertrauten ehemaligen Konsumverein war eine russische Proviantstation untergebracht. Die Eltern waren nicht da, als der Sohn ankam. Sie standen, seit dem

Das zerstörte Dresden

frühen Morgen, am Neustädter Bahnhof. Jetzt war es Abend. Er suchte sie.

Ich sah die Eltern schon von weitem. Sie kamen die Straße, die den Bahndamm entlangführte, so müde daher, so enttäuscht, so klein und gebückt. Der letzte Zug, mit dem ich hätte eintreffen können, war vorüber. Wieder einmal hatten sie umsonst gewartet... Da begann ich zu rufen. Zu winken. Zu rennen. Und plötzlich, nach einer Sekunde fast tödlichen Erstarrens, begannen auch meine kleinen müden, gebückten Eltern zu rufen, zu winken, zu rennen!

Das war das erste Wiedersehen. Was sah er wieder? Eine Mutter, die durch die Trennung von ihm verstört war. Und eine zerstörte Heimat. Er ging durch ausgelöschte Straßen und suchte Erinnerungen. Sie waren vernichtet. *Wie von einem Zyklon an Land geschleuderte Wracks riesenhafter Dampfer liegen zerborstene Kirchen umher. Die ausgebrannten Türme der Kreuz- und Hofkirche, des Rathauses und des Schlosses sehen aus wie gekappte Masten. Der goldene Herkules über dem dürren Stahlgerippe des Rathaushelms erinnert an eine*

Galionsfigur, die, seltsamerweise und reif zur Legende, den feurigen Taifun, dem Himmel am nächsten, überstand ...

Freunde hatten gesagt: «Fahre nicht hin. Du erträgst es nicht.» *Ich habe mich genau geprüft. Ich habe den Schmerz kontrolliert. Er wächst nicht mit der Anzahl der Wunden. Er erreicht seine Grenzen früher. Was noch an Schmerz hinzukommen will, löst sich nicht mehr in Empfindung auf. Es ist, als fiele das Herz in eine tiefe Ohnmacht.* Kästner fuhr nach München zurück.

Seine Arbeit blieb dem Tag gewidmet, auch noch, nachdem er im Frühjahr 1947 seine Tätigkeit in der «Neuen Zeitung» aufgegeben hatte. Er eröffnete, wie er es seit eh und je gewohnt war, sein Büro wieder im Café. Zunächst im ehemaligen «Benz» in der Leopoldstraße, am «Boulevard Schwabing».

Im Sommer 1947 reiste er, zum erstenmal seit Kriegsende, ins Ausland. Ernst Wiechert, Johannes R. Becher und er waren eingeladen worden, am Internationalen Kongreß des PEN-Clubs in Zürich teilzunehmen, da die Neugründung des deutschen PEN auf der Tagesordnung stand. Obwohl Thomas Mann, besonders von den englischen Schriftstellern unterstützt, lebhaft für den Plan eintrat, kam es zu harten Auseinandersetzungen. Es gereicht den Schriftstellern zur Ehre, daß sie als erste den Deutschen die Hand zur Versöhnung reichten.

1947 schrieb Kästner, nach einer Anregung Jella Lepmans, der Gründerin der Internationalen Jugendbibliothek in München, *Die Konferenz der Tiere*. Es wurde das letzte Buch, das Walter Trier illustrierte. In diesem pazifistischen Märchen wird geschildert, wie es den Tieren, nach einem dreifachen Ultimatum, schließlich gelingt, die Menschen, insbesondere die widerspenstigen Politiker und Militärs, zur Vernunft und zu einem dauerhaften Frieden zu zwingen.

Während Kästner sein «Märchen» schrieb, ereignete sich die Währungsreform, über Nacht. Mit vierzig Mark «Kopfgeld», soeben noch der Gegenwert für zehn «Ami-Zigaretten», erlebten die deutschen Normalverbraucher im Sommer 1948, am Tage X, ihr wirtschaftliches Jahr Null. An den Folgen dieser Operation starben viele Patienten. Auch der «Pinguin» und die «Schaubude».

Als man 1945 daranging, die geistige und bürgerliche Freiheit wiederherzustellen, fragte man die Schriftsteller allenthalben: «Was haben Sie in der Schublade?» Die Vorstellung, daß man in lebensgefährlicher Zeit Gefährliches «für die Zeit danach» schreiben könne, war ebenso verbreitet wie naiv. Doch sie wurde nicht nur von denen geteilt, die wegen des Terrors emigriert waren, sondern auch von solchen, die ihn am Ort der Tat miterlebt hatten. Für einen Autor, der auf Schritt und Tritt überwacht, dessen Telefon abgehört, der denunziert und mit Haussuchungen und Verhaftungen geplagt wurde, gab es keine Schublade. Sie zum Begriff für das gegebene Versteck von Widerstandsliteratur zu machen, ist ein Beweis vollständiger Phantasielosigkeit. Die Schublade, ob die eigene oder die von Freunden, hätte Todesurteile enthalten.

Friedrich Reck-Malleczewen, der 1944 ins Konzentrationslager gesperrt und Anfang 1945 dort umgebracht wurde, gehörte zu den Tollkühnen. Sein später veröffentlichtes «Tagebuch eines Verzweifelten» schildert die Situation eines Mannes, der für die «Schublade» schrieb. «Meine Freunde nehmen Veranlassung mich zu warnen. Ich schlage es notgedrungen in den Wind und will ruhig weiterarbeiten an diesen Blättern, die ja einst einen Beitrag zur Kulturgeschichte des Nazismus liefern sollen. So verberge ich Nacht für Nacht tief im Walde und auf meinen Äckern das, was einmal Urständ feiern mag. Ständig auf der Hut vor Beobachtern, ständig den Ort wechselnd. So, ihr entschwundenen Freunde, leben wir gegenwärtig.» Unter solchen Umständen entstanden auch Theodor Haeckers «Tag- und Nachtbücher», Bergengruens «Dies Irae» und – im Gefängnis noch – Ernst Wiecherts «Totenwald» und Albrecht Haushofers «Moabiter Sonette».

Andere, die den Kopf nicht in die Schublade stecken wollten, hatten sich die Schublade in ihrem Kopf eingerichtet. Zu ihnen gehörte Kästner. Das, was er vor 1933 geschrieben hatte, war nach diesem Zeitpunkt lebensgefährlich genug.

Immer wieder während der Nazizeit, und erst recht danach, erzählte man Kästner, wie man seine Verse abgeschrieben und weitergeschleust habe. «Es gab Wehrmachtstellen, bei denen man *Kennst Du das Land, wo die Kanonen blühn?* und *Stimmen aus dem Massengrab* gegen Zigaretten tauschte», berichtete jemand. Es gab in der Luftwaffe Einheiten, die Kästners Bücher auf Mikrofilm aufgenommen hatten und bei «sicherem Wetter» im Fliegerhorst auf die Leinwand projizierten. Und es gab Straßenhändler, wie den braven Herrn Zahn, wegen seines Standes Ecke Schützen- und Friedrichstraße der «Eckzahn» genannt, bei dem man neben Büchern von Courths-Mahler und Gustav Freytag und alten Baedekern, neben Schlipsen, Hosenträgern und Socken auch in aller Heimlichkeit diesen oder jenen Kästner-Band erstehen konnte. Für achtzig Mark. (Die Krawatten waren billiger.) Der Eckzahn hatte eine erstklassige Quelle entdeckt. Sein Geschäft auf Rädern war zehn Schritte von einem Keller entfernt, wo verbotene und beschlagnahmte Bücher und Zeitschriften zum Einstampfen abgeladen wurden.

Kästners Gedichte kursierten handschriftlich im Warschauer Getto, kurz vor dessen schrecklichem Ende. Sie wurden von einem New Yorker Verleger unerlaubt nachgedruckt und den deutschen Kriegsgefangenen in den USA verkauft. Und sie erschienen, 1944, neben Gedichten von Heine, Tucholsky, Toller und Brecht im besetzten Frankreich in den Éditions de Minuit, dem Verlag der französischen Widerstandsbewegung. Das Bändchen trug den Titel «Les Bannis» (Die Verbannten).

Kästner bevorzugte für gewagte Themen «unbeschriebene Blätter», zum Beispiel für die Komödie *Die Schule der Diktatoren*. Außer ein paar absichtlich verstreuten und nur ihm verständlichen Notizen «existierte» nichts. Was er sonst an Manuskripten im Luftschutzgepäck mit sich herumtrug, konnte wahrhaftig den Kopf nicht kosten: ein paar Dutzend Epigramme, der erste Akt des historischen Lustspiels *Chauvelin oder Lang lebe der König!*, das Lustspiel *Zu treuen Händen*, das 1948 unter dem Pseudonym Melchior Kurtz von Günther Lüders im Düsseldorfer Schauspielhaus uraufgeführt wurde, das Vorspiel zur Komödie *Das Haus Erinnerung*, das Hans Schweikart 1958 in den Kammerspielen zum erstenmal aufführte, zwei Romanfragmente, *Die Doppelgänger* und *Der Zauberlehrling*, die beide in den 1959 bei Atrium Verlag und Kiepenheuer & Witsch, jetzt auch im Droemer/Knaur Verlag, erschienenen Gesammelten Schriften veröffentlicht wurden und unvollendet geblieben sind, und ein Filmtreatment.

Dieses Filmtreatment, *Das große Geheimnis*, war dem Regisseur Josef von Baky kein Geheimnis geblieben. Es war der Stoff, den er hatte drehen wollen, als Kästner 1942 «unwiderruflich und restlos» verboten worden war. Nun verhandelte man mit dem Produzenten Günther Stapenhorst, und 1949 ging der Film, zu dem Kästner indessen das Drehbuch verfaßt hatte, ins Atelier. Er wurde *Das doppelte Lottchen* genannt. In ihm debutierten nicht nur die Zwillinge Isa und Jutta Günther, sondern auch Kästner als Schauspieler. Der Film wurde 1950 in Berlin uraufgeführt. Er erhielt den ersten Bundesfilmpreis.

Das Thema ist ebenso traurig wie aktuell. Es handelt von Kindern einer geschiedenen Ehe. Jedoch den Zwillingen Luise und Lotte gelingt es, ihre Eltern wieder zusammenzuführen. Der Film und das Buch,

Kästner abends auf dem Weg in die kleinen Bars, in denen er arbeitet

das Kästner kurz darauf schrieb, wurden große Erfolge. Aber manche Pädagogen übten Kritik.

Kästner hatte ihre Einwände erwartet. Sie waren nicht neu. Deshalb begann er ein Kapitel des *Doppelten Lottchens*: *Sollte euch beim Lesen ein Erwachsener über die Schultern blicken und rufen: «Dieser Mensch! Wie kann er nur, um alles in der Welt, solche Sachen den Kindern erzählen» ... dann richtet ihm einen schönen Gruß aus, und ich ließe ihm sagen, es gäbe auf der Welt sehr viele geschiedene Eltern, und es gäbe sehr viele Kinder, die darunter litten! Und es gäbe sehr viele andere Kinder, die darunter litten, daß sich ihre Eltern nicht scheiden ließen! Wenn man aber den Kindern zumutete, unter diesen Umständen zu leiden, dann sei es doch wohl allzu zartfühlend und außerdem verkehrt, nicht mit ihnen darüber in verständiger und verständlicher Form zu sprechen!*

Seit er mit *Emil und die Detektive* unterm Arm aufgetreten war, übten konservative Lehrer an seinen Kinderbüchern immer dieselbe Kritik. Sie lehnten seinen Realismus ab. Sie versicherten, daß seine

Kästner, die «Doppelten Lottchen» Isa und Jutta Günther und der Filmregisseur Josef von Baky, Geiselgasteig 1950

Mit Lotte beim Faschingsfest der Münchner Kammerspiele, 1950

Kinder gar keine Kinder seien. Daß sie nicht wie Kinder sprächen. Kurz und gut: Sie fanden seine Bücher keineswegs empfehlenswert. Kästner ließ sich nicht beirren. Er erzählte in seinem zweiten Kinderbuch die Geschichte von Pünktchen, dem vernachlässigten kleinen Mädchen aus reichem Hause, und von Anton, dem armen kleinen Jungen mit der liebevollen Mutter, und von der abenteuerlichen Freundschaft dieser beiden. Als *Pünktchen und Anton*, dramatisiert, auf die Bühne ging, hatte Kästner dafür Herrn Zeigefinger und Tante Eulalia erfunden. *«Meine Tante Eulalia war ursprünglich nicht dafür», erzählte Zeigefinger vor dem Vorhang. «Dieses Pünktchen und dieser Anton erleben da mitunter Dinge, also, das gehört sich nicht!»*

– «Liebe Tante Eulalia», erwiderte Zeigefinger, «was würdest du sagen, wenn man den Kindern ein Stück zeigte, in dem ein wildes Tier eine alte Dame frißt? ...» – «Das würde ich auf der Stelle verbieten!» rief Tante Eulalia. «Dann verbiete mal auf der Stelle Rotkäppchen! ...»

Zeigefinger Kästner blieb also seinen Gegnern die Kritik an ihrer Kritik nicht schuldig. Aber was weit wichtiger war: Die Kinder selber blieben den Kritikern die Antwort nicht schuldig. Kästners Kinderbücher eroberten die Welt. Von Berlin bis Tokio, von Stockholm bis New York, von Amsterdam bis Warschau. Kinder lassen sich nichts oktroyieren. Sie wählen sich ihre Lieblinge selber. Die Kinder haben sich Kästner mit Haut und Haaren erobert. Und Kästner hat die Kinder mit Haut und Haaren erobert. Wenn man in vielen Ländern nach seinen Büchern Deutsch lernt, so nicht nur deshalb, weil Kästners Sprache klar, einfach, präzise und weil sein Humor international verständlich ist; und nicht nur, weil die Probleme seiner Bücher überall gelten, die Helden seiner Geschichten in jedem Lande leben könnten, sondern vor allem deshalb, weil er die Kindheit für einen Zustand ungewöhnlicher Gescheitheit und nicht für einen Zustand großer Dummheit hält. Weil er «unerfahren» nicht mit «dumm» verwechselt. Er hat für Gescheite geschrieben – und die Gescheiten haben ihm bestätigt, daß das richtig war.

Der Autor von *Herz auf Taille* und von *Fabian* hatte nie die Absicht, «nur» ein Kinderbuch zu schreiben, als er auf den Vorschlag der Verlegerin Edith Jacobsohn einging. Er hatte die Absicht, ein «neues» Buch zu schreiben. Eins, das er selber gerne gelesen hätte, als er ein kleiner Junge gewesen war. Als er *Emil und die Detektive* schrieb, erzählte er, was er, als Kind, zum Teil selber erlebt und was ihn sehr erregt hatte. Er beschrieb eine seiner ersten Begegnungen mit dem Leben. Und wenn die Kinder es lesen, dann wissen sie, wie genau der, der es schrieb, weiß, was ihnen selbst morgen begegnen kann. Dann wünschen sie, daß sie sich ebenso gescheit und geschickt und freundschaftlich verhalten mögen wie Emil und seine Detektive. Sie bejahen diesen optimistischen Realismus. Er macht sie fit fürs Leben. Das ist ihnen recht. Und dem Autor ist es erst recht recht. Denn gerade das ist seine Absicht. Und diese Absicht gilt es, mit den besten Mitteln zu verwirklichen. Das fordert er! Deshalb erklärte er anläßlich einer «Kundgebung für das Jugendbuch» in Zürich: *Wer soll für die Jugend Vorbilder aufrichten? Keine großen Denkmäler, aber Denkmäler der Größe? Wer soll ihr das Heimweh nach dem Glück schenken? Wer soll ihr Herz zum Lachen bringen? Doch um alles in der Welt nicht jene mediokren Leute, die «nur» Kinderbücher fabrizieren? Doch nicht jene ahnungslosen Leute, die,*

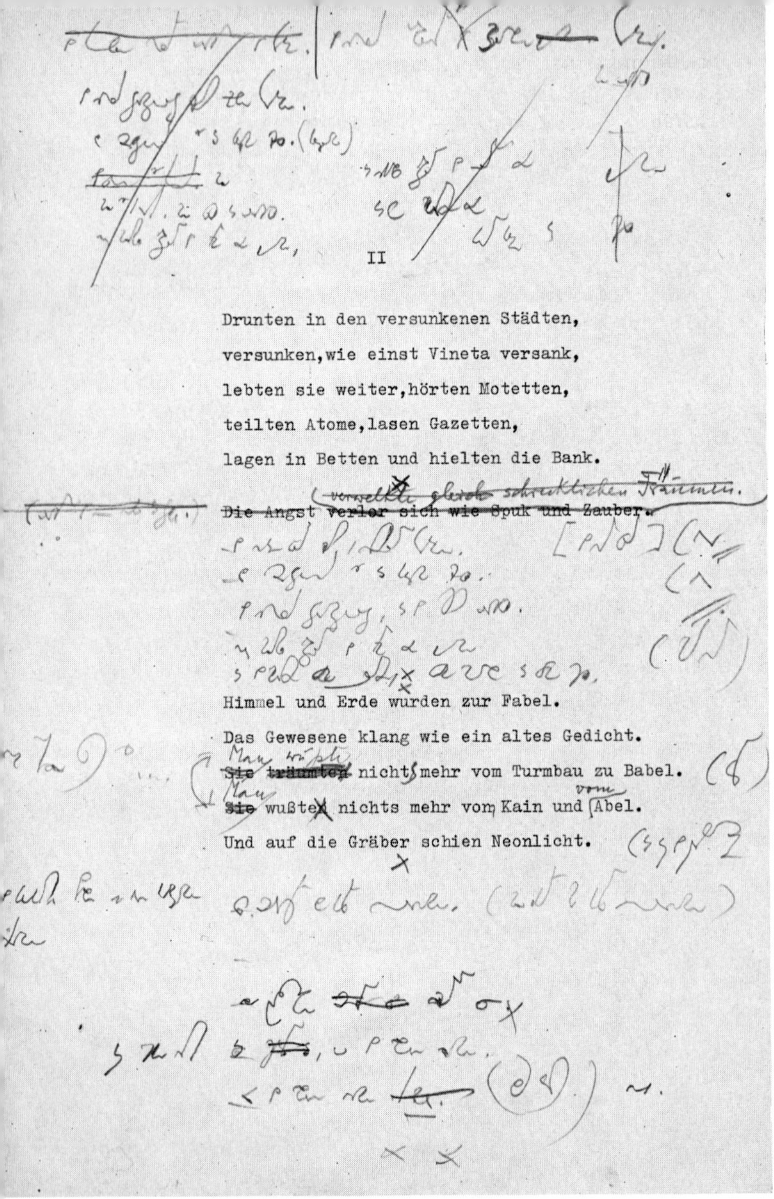

II

Drunten in den versunkenen Städten,
versunken,wie einst Vineta versank,
lebten sie weiter,hörten Motetten,
teilten Atome,lasen Gazetten,
lagen in Betten und hielten die Bank.

~~Die Angst verlor sich wie Spuk und Zauber.~~ [(verwelkten gleich schrecklichen Träumen.]

Himmel und Erde wurden zur Fabel.
Das Gewesene klang wie ein altes Gedicht.
~~Sie träumten~~ [Man träumte] nicht mehr vom Turmbau zu Babel.
~~Sie~~ [Man] wußte nichts mehr vom Kain und [vom] Abel.
Und auf die Gräber schien Neonlicht.

Manuskriptblatt

weil Kinder erwiesenermaßen klein sind, in Kniebeuge schreiben? ... Die Zeiten haben sich geändert und mit ihnen die Aufgaben der Literatur. Sie kann und darf die neuen Funktionen und das Mehr an Verantwortung nicht ablehnen. Sie muß das Patronat für die Jugendliteratur übernehmen, und das heißt zugleich: für das Kindertheater, für den Jugendfilm, für den Rundfunk und für das Fernsehen. Die Jugend ist beeinflußbar wie eh und je ... Der Jugend kann, in unserer desolaten Welt, nur helfen, wer an die Menschen glaubt. Er hat kaum Anlaß, an die abgewerteten Zeitgenossen zu glauben. Sich selbst wird er dabei nicht ausnehmen dürfen.

Am 25. Januar 1951 wurde in München das Kabarett «Die kleine Freiheit» eröffnet, im vierten Stock eines Schwabinger Mietshauses. Trude Kolman, ehemals Schauspielerin in Berlin, dann Emigrantin, war Direktorin und Regisseurin. Kästner gehörte zu den Mitbegründern. Und er gehörte neben den Autoren Oliver Hassencamp, Robert Gilbert, Per Schwenzen und den Komponisten Karl von Feilitzsch und Jochen Breuer zu den festen Mitarbeitern.

Der Name «Die kleine Freiheit» wurde nicht von ungefähr gewählt. Er war programmatisch. Das Kabarett eröffnete mit einer Bilanz. Seit der Währungsreform hatte sich vieles entscheidend verändert. Der rasche wirtschaftliche Aufstieg hatte die bürgerliche Entschlossenheit zur Mitverantwortung, zur Kritik und zur Opposition bedenklich reduziert. Statt eines gemeinsamen Zieles verfolgte man nur noch einzelne Interessen. Ein Neubeginn stünde bevor, hatte man 1945 geglaubt. Es wurde ein «Wiederaufbau». Es vollzog sich die deutsche Restauration.

Aus Existenzangst hatte man 1933 die Freiheit an die Diktatur verkauft. Aus Existenzangst verkaufte man nach dem großen Bankrott die Freiheit für kleine Münze an die «Demokratur».

Die große Freiheit ist es nicht geworden.
Es hat beim besten Willen nicht gereicht.
Aus Traum und Sehnsucht ist Verzicht geworden.
Die Angst ist erste Bürgerpflicht geworden.
Die große Freiheit ist es nicht geworden,
die kleine Freiheit – vielleicht.

Wir dürfen schimpfen und den Kopf verlieren.
Wir dürfen, wenn's so weitergeht, marschieren.
Wir sind so frei. Wir werden ja seh'n.
Der Titel des Programms «Die kleine Freiheit»
hat seinen Grund. Sie wissen nun Bescheid.
Der Titel des Programms «Die kleine Freiheit»
stammt nicht von uns. Der Autor heißt DIE ZEIT.

Die Zeit hatte nicht nur den Titel geliefert, sondern auch den Stoff. Mit ihrer Un- und Umordnung, mit ihren Widersprüchen, ihrem Opportunismus und ihrer galoppierenden Vergeßlichkeit bot sie dem Satiriker Grund genug zu schweren und schwerwiegenden Anklagen. Schlagen wir in der Chronik nach:

Als der Krieg beendet war, hatte ihn die Welt mit 45789000 Toten bezahlt, Hitler-Deutschland mit 5300000 Soldaten und Zivilisten. Im Juli 1945 wurde im Potsdamer Abkommen Deutschlands völlige Entwaffnung beschlossen. Nach dem 30. November 1949 erklärte Adenauer in einem Interview: Deutschland habe kein Verlangen nach einer neuen Armee. Und Franz-Josef Strauß soll beteuert haben, seine Hand möge verdorren, wenn er je wieder ein Gewehr ergreife. Der Bundestag lehnte die Wiederaufrüstung ab. Doch im Dezember 1950 einigten sich die Atlantik-Mächte über eine Verteidigungsmacht mit einem deutschen Truppenkontingent. Und am 2. Januar 1952 teilte der Sicherheitsbeauftragte Blank offiziell mit: Das deutsche Kontingent werde zwölf vollmotorisierte Divisionen umfassen. Von der deutschen Demilitarisierung bis zur Remilitarisierung waren sechs Jahre vergangen: Die Männer und die Mächte, die eben noch strikt gegen die deutsche Aufrüstung gewesen waren, waren nun strikt dafür.

In einem Chanson, das man 1952 in der «Kleinen Freiheit» in München, aber auch in Berlin, in Düsseldorf und Zürich sang, schildert Kästner das militärische *Frühlingserwachen* eines pensionierten Generals, der eine Zeitlang auf dem Lande gelebt hat: *Alle mal herhören! Auch die, die schwerhören!*

«Die kleine Freiheit» tagt bei Kästner. Programmbesprechung der Mitarbeiter. Von links: Oliver Hassencamp, Erich Kästner, die Direktorin Trude Kolman, Per Schwenzen, Robert Gilbert

... Fern von blutigen Geschäften
kam man im Verlauf der Zeit
wieder zu Pension und Kräften.
Und nun ist es wieder soweit!
In der Luft, zu Wasser und zu Lande, –
ohne uns komm'n die anderen nicht zurande!
Noch ist's ihnen etwas fatal.
Doch sie brauchen uns wieder einmal ...
Hauptsache, daß wir wieder Ordnung kriegen.
Und daß wir wieder mal richtig liegen.
Und wenn's sein muß, zum drittenmal siegen!

Kästner konnte noch andere erschreckende Daten nicht übersehen: Das Kriegsende war mit der ersten Atombombe erreicht worden, die am 6. August 1945 über Hiroshima abgeworfen wurde. Über 200 000 Menschen fanden den Tod. Der ersehnte Frieden kam Arm in Arm mit einer unheimlichen Begleiterin: der Angst.

Wohin sollte man künftig flüchten? Wo war noch Sicherheit? In seinem utopischen Chanson *Die Maulwürfe oder Euer Wille geschehe* schildert der Autor das künftige Leben der Menschen im Atomzeitalter:

Als sie, krank von den letzten Kriegen,
tief in die Erde hinunterstiegen,
in die Kellerstädte, die drunterliegen,
war noch keinem der Völker klar,
daß es der Abschied für immer war ...

Droben zerfielen inzwischen die Städte.
Brücken und Bahnhöfe stürzten ein.
Die Fabriken sah'n aus wie verrenkte Skelette.
Die Menschheit hatte die große Wette
verloren, und Pan war wieder allein.

Als das Rote Kreuz am 2. Mai 1950 zur Ächtung des Atomkrieges aufrief, mußte es zugleich eine erschütternde Bilanz ziehen: Von den 300 000 deutschen Kindern, die 1945, nach Kriegsende, als vermißt gemeldet worden waren, hatte man 240 000 ihren Eltern noch nicht wieder zuführen können! Was würde «das nächste Mal» aus den Kindern werden? So entstand die düstere, warnende *Kantate De minoribus.* Kästner beschreibt eine Menschheit, die sich für den «Katastrophenfall» entschließt, die Kinder aller Völker in sichere «Kinderzonen» zu transportieren – *Und die Katastrophe kam!*

Kästner-Büste von Theodor Frayder

Im Café, beim Diktat mit seiner Sekretärin Liselotte Rosenow

Was hilft es, daß ich Ihnen erzähle,
was damals in jener Nacht geschah?
Sämtliche Sender erteilten Befehle.
Sirenen heulten aus voller Kehle.
Das große Abschiednehmen war da.
Soldaten trieben die Kinder wie Herden
in Schiffe und Güterzüge hinein.
Sie schlugen um sich, gleich scheuen Pferden.
Sie wollten gar nicht gerettet werden!
(Sie waren noch dumm. Denn sie waren noch klein.)

Was nun folgte, wissen Sie. Man starb nicht eben in Schönheit. Wissen Sie, was Mutationen sind? Wer im Schatten des zehntausend Meter hohen glühenden Atompilzes mit dem Leben davongekommen war, begann sich zu verändern ... Ihr (der Menschen) *trauriges Ende war unvermeidlich. Sie hatten die Kinder gerettet, ohne an die Menschheit zu glauben. Das war ihr frommes Verbrechen.*

Als Kästner von einem zartbesaiteten Kritiker gefragt wurde, warum er sich als Schwarzmaler und Bürgerschreck gebärde, verwies er den Journalisten auf die authentischen Meldungen aus Japan, wonach Tausende evakuierter Kinder, denen man die Katastrophe zunächst

Zu Hause, an seinem Arbeitsplatz beim Fenster

verschwiegen hatte, heimlich nach Hiroshima aufgebrochen waren, um in den Ruinen der tödlich verseuchten Stadt ihre Eltern zu suchen! *Bürgerschreck?* fragte Kästner. *Besser die Bürger erschrecken rechtzeitig vor Schriftstellern, als zu spät vor Luftmarschällen!*

Am 9. Mai 1951 starb Kästners Mutter, achtzigjährig. Der Tod, nach langem Siechtum im Sanatorium, war eine Erlösung. Sie war nicht an den Schrecken gescheitert, die das Naziregime, jahrelang, mit stündlicher Angst um den Sohn für sie bedeuten mußte; jene lebensgefährliche Zeit hatte eher noch ihr Lebensgefühl gestärkt. Mit ihrer Spannkraft war es erst zu Ende, als die Postverbindung abriß. Wo blieben die Karten, durch die sie an seinem Leben, als sei es das ihre, Anteil genommen hatte? Nicht die Diktatur und nicht der Kriegslärm, sondern die lähmende Stille war es, die Kopf und Gemüt der Mutter allmählich verwirrten. Der Sohn, erst in Mayrhofen, dann in München, ahnte, wie qualvoll diese Monate ohne Nachrichten für sie sein mußten. Und so schrieb er, 1946, das *Lied einer alten Frau am Briefkasten*:

...
Zu unsern Häuptern steh'n die gleichen Sterne.
Und wir sind doch getrennt und doch verbannt.
Ein großer dunkler Vorhang teilt das Land.
So nah, mein Kind, sind wir uns doch so ferne!
Und durch das Stundenglas rinnt Sand ... rinnt Sand ...

Die Sehnsucht schickt dir Briefe,
als ob ich selber liefe,
um dir recht nah zu sein.
Wenn mich der Tod jetzt riefe –
wer schriebe dir dann Briefe
und würfe sie hier ein?

Es war herzzerreißend, wie der Ehemann, den die Frau ein Leben lang geringgeachtet hatte, sich nun mit Sorge und Liebe der Verstörten annahm. Älter als sie, war er erfüllt von dem Wunsch, alles zu tun, was ihr helfen konnte. Es gab wenig Lebensmittel, und kaum solche, die der Kranken zuträglich waren. Er lief Tag für Tag, eine Thermosflasche mit dünnem heißem Kakao unterm Arm, ins Sanatorium, band seiner Frau das Mundtuch um und erfand, so gut er konnte, ein paar Nachrichten über den Sohn. Sie faßte sie kaum mehr. Sie starb langsam dahin. Nicht einmal jetzt konnte ihr der rührende alte Mann durch seine Zuneigung und Treue noch ein bißchen Glück schenken.

Das letzte Bild mit dem Vater, München 1956

In ihrem Nachlaß fand sich ein ergreifendes kleines Zeugnis ihrer unermüdlichen und einzigen Liebe, ein grüner Briefumschlag, auf dem stand: «Antwort auf dem Erich seine Karten. Ferienreise 1916, wo ich ihm postlagernd nicht schreiben konnte. Von seiner Mutter!» Und in dem Umschlag lag ein langer Brief, an dem sie täglich weitergeschrieben hatte, während der kleine Erich mit seinen Klassenkameraden eine Wanderung im Thüringer Wald machte.

Als Kästner 1946, nach sehr komplizierten Einreise- und Reiseschwierigkeiten in die Ostzone, seine Mutter zum erstenmal wiedersah, traf er eine verfallene Frau. Noch erkannte sie ihn. Doch ein paar Jahre später, das letzte Mal, als er sie besuchte, fragte sie lächelnd, als er an ihr Bett trat: «Wo ist denn der Erich?» Er stand vor ihr. Ganz nah – und unerreichbar fern.

In Kästners Gedichten findet man nur ein einziges Liebesgedicht:

Seine Mutter hielt den Kopf gesenkt,
und sie schrieb gerade an den Vater:
«Heute abend gehn wir ins Theater,
Erich kriegte zwei Billetts geschenkt.»

Ihn ergriff das Bild. Er blickte fort.
Wenn sie mir schreibt, muß er noch denken,
wird sie ihren Kopf genau so senken.
Und dann las er. Und verstand kein Wort.

Seine Mutter saß am Tisch und schrieb.
Ernsthaft rückte sie an ihrer Brille.
Und die Feder kratzte in der Stille.
Und er dachte: Gott, hab ich sie lieb!

Stiller Besuch (1930)

Der Vater überlebte sie um sechs Jahre. Mit 89 Jahren machte er seine erste große Reise. Nach München, um den Sohn zu besuchen. Er und seine Frau hatten München nicht leiden können, weil diese Stadt den Sohn aus ihrer Nähe gerückt hatte. Aber nun gefiel es ihm. Das Oktoberfest, prächtig, üppig und ländlich heiter. Mit den herrlich beschirrten Bräupferden. Die gemütliche kleine Dult in der Au, zu Füßen der Maria-Hilf-Kirche. Das Hofbräuhaus mit seiner bayerischen Musik und den riesigen Maßkrügen, in denen sein kleines Gesicht völlig verschwand. Hier war er auf einmal wieder derselbe Emil Kästner wie der, der sich einmal seinen Traum nach einem Pferd erfüllte, indem er es selber bastelte. Er genoß München! Und er genoß es, in Erichs großem Garten spazierenzugehen. Oder stillvergnügt den Sohn zu betrachten, während der schrieb. Mit seinem völlig ungetrübten Gedächtnis half er bei den vorbereitenden Notizen zu dem autobiographischen Buch *Als ich ein kleiner Junge war*. Silvester 1957 starb er, fast 91 Jahre alt, in Dresden.

Im Jahre 1952 erschien im Verlag Cecilie Dressler, Berlin (wie der Verlag Williams & Co. jetzt firmierte), und im Atrium Verlag, Zürich, das Buch *Die kleine Freiheit,* eine Sammlung von Chansons und Prosa aus den Jahren 1949 bis 1952. Im gleichen Jahr, ein paar Tage vor der Weihnachtsreise, hatte Kästner wieder einmal allen Grund, sich über seine merkwürdige Beziehung zu Fortuna gründlich zu wundern. Er erhielt vom Hausherrn einen Kündigungsbrief, kurzfristig datiert. Die Kündigung bedeutete nicht nur, daß man eine Wohnung ergattern mußte. Schon das war damals schwierig. Sie bedeutete zudem, daß man Möbel brauchte. Adieu, herrliches und gepriesenes Rucksackgefühl! Mit Mühe fand man ein «Objekt», dessen Baukostenzuschuß erschwinglich war – und das man nicht kaufen mußte, sondern mieten konnte, mitsamt einer umfangreichen Wiese. So kam es, daß Kästner – ganz gegen seinen Willen – von Schwabing in den Herzogpark zog, wieder in eigenen Möbeln wohnte und der einst vom Vater genähte und indessen oft geflickte Rucksack auf dem Boden seinen Alterssitz bezog. Zufolge «Fortunas Fußtritt» in dem kleinen Zwillingshaus gelandet, scheint Kästner das Wohnen wohnenswert. Er genießt es schwelgerisch, auf seine verhaltene Weise, von Dingen umgeben zu sein, die er mag, und über eine Wiese zu schauen, wo in der Eis- und Urzeit die Isar floß. Die Bäume schimmern ihm dort grüner. Die Vögel singen vorm Fenster. Auf der Terrasse schnurren seine vier Katzen. Beeinflußt durch diese Umgebung, entstand der Gedichtzyklus *Die dreizehn Monate.* Lyrik voll Schönheit, Duft und Innigkeit, und überhaucht von der Wehmut, die viele Werke Kästners atmen.

Und auch das gehört zu den reizvollen Paradoxen in seinem Leben, daß er kurz vorher einem Journalisten auf die Frage: «Was täte ein satirischer Schriftsteller, wenn er im Paradiese lebte?» noch geantwortet hatte: *Dann wäre seine Existenz grundsätzlich bedroht! Denn was täte er ohne die Dummheit und Bosheit der Menschen? Was finge er an, wenn ihm die Gesellschaft, der Staat, die Welt kein Ärgernis böten? Würde und könnte er, kurz gesagt, im Paradies überhaupt noch schreiben?*

Und was tat der Satiriker Kästner, als er sich ungewollt und unvermutet «am Rande des Paradieses» ansiedeln mußte? Er griff «zur Harfe», die Schönheit der Natur, den hinreißenden Rhythmus des Jahres zu preisen!

Eine Wandlung? So fragte man sich allenthalben. Nein, es war keine Wandlung. Es war ein romantischer Ausflug. Als der schmale Lyrikband erschien, von Richard Seewald beschwingt illustriert, hatte Kästner schon wieder die Feder scharf geschliffen. Er schrieb *Die Schule der Diktatoren*, eine bittere politische Satire, die er zu seinen wichtigsten Werken zählt. Sie ist ein direkter Nachkomme seiner ersten Lyrikbände und des *Fabian*. Plan und Stoff reiften in der Hitlerzeit. Die angemessene Kunstform dafür schien ihm das Theaterstück zu sein. Kästner nennt es eine Komödie, obgleich es weit eher eine Tragödie ist. Es erschien, mit Illustrationen des Franzosen Chaval, zuerst als Buch. Die Zeichnungen sind dem Text adäquat. Ätzende Karikaturen, schonungslose Enthüllungen bis zur Obszönität. Der Inhalt: Da die Dauer jeder Diktatur entscheidend von der Lebensdauer des Diktators abhängt, bildet ein Quartett verschworener Zyniker, der Kriegsminister, der Premier, der Leibarzt und der Professor, heimlich Nachahmungen des Diktators aus, die dem Original im Aussehen und im Tonfall zum Verwechseln gleichen. Der jeweils herrschende Diktator ist eine Marionette der vier Drahtzieher. Fällt er einem Attentat zum Opfer, wird er, vom Volk und von der Welt unbemerkt, durch die nächste «Puppe» ersetzt. Maßt er sich Selbständigkeit an, wird er lautlos beseitigt. An Nachfolgern, die gehorsam sind, ist kein Mangel.

Ein gespenstischer Reigen dressierter Gauner und Kreaturen! Die Handlung spitzt sich zu, als «Nummer Sieben», ein getarnter Freiheitskämpfer, die Macht an sich reißt. Er geht unter. In diesem Stück begegnen sich nach dem Staatsstreich der neue Machthaber der Stadtkommandant, diesmal ein Militär, und ein übernommener Staatsdiener, der Inspektor. In ihrem Gespräch wird *Das Leben ohne Zeitverlust*, das Kästner schon einmal, in einem Chanson, an den Liebesdienerinnen der Macht abhandelte, nun an den Liebedienern der Macht demonstriert:

Kästners kleines Haus im Münchner Herzogpark

Der Mai

Im Galarock des heiteren Verschwenders,
das Blumenzepter in der schmalen Hand,
fährt nun der Mai, der Mozart des Kalenders,
aus seiner Kutsche grüßend, über Land.

Es überblüht sich, er braucht nur zu winken.
Er winkt! Und rollt durch einen Farbenhain.
Blaumeisen flattern ihm voraus und Finken.
Und Pfauenaugen flügeln hinterdrein.

Die Apfelbäume hinterm Zaun erröten.
Die Birken machen einen grünen Knicks.
Die Drosseln spielen, auf ganz kleinen Flöten,
das Scherzo aus der Symphonie des Glücks.

Die Kutsche rollt durch atmende Pastelle.
Wir ziehn den Hut. Die Kutsche rollt vorbei.
Die Zeit versinkt in einer Fliederwelle.
O, gäb es doch ein Jahr aus lauter Mai!

Melancholie und Freude sind wohl Schwestern.
Und aus den Zweigen fällt verblühter Schnee.
Mit jedem Pulsschlag wird aus Heute Gestern.
Auch Glück kann weh tun. Auch der Mai tut weh.

Er nickt uns zu und ruft: „Ich komm ja wieder!"
Aus Himmelblau wird langsam Abendgold.
Er grüßt die Hügel, und er winkt dem Flieder.
Er lächelt. Lächelt. Und die Kutsche rollt.

Manuskript «Der Mai» aus dem Gedichtband «Die 13 Monate»

STADTKOMMANDANT: *Es stört Sie hoffentlich nicht, daß ich Sie verachte?*
INSPEKTOR: *Ehrlich gesagt, nein.*
STADTKOMMANDANT: *Ehrlich gesagt?*
INSPEKTOR: *Treue und Dummheit sind nicht dasselbe.*
STADTKOMMANDANT: *Treue?*
INSPEKTOR: *Ich habe manchmal darüber nachgedacht. Denn wer wäre gern ein schlechter Mensch? Noch dazu in den eigenen Augen? Ich diene dem, der die Macht hat. S e i n e Pflicht ist es, an der Macht zu b l e i b e n. Büßt er sie ein, so bricht e r die Treue.*

...

STADTKOMMANDANT: ... *Der wievielten Regierung dienen Sie?*
INSPEKTOR: *Augenblicklich? Der dritten, Herr General.*
STADTKOMMANDANT: *Meinen Glückwunsch.*

...

STADTKOMMANDANT: *Und was halten Sie von dem Wort Charakter?*
INSPEKTOR: ... *Ein sehr schädliches Wort. Es kostümiert ein Laster als Tugend.*

...

STADTKOMMANDANT: *Das sogenannte Gewissen ist ein empfindliches Handicap.*

Als die dramatische Satire im Februar 1957, von Hans Schweikart meisterhaft inszeniert, in den Münchner Kammerspielen uraufgeführt wurde, fand sie geteilten Beifall. Ein Journalist resümierte, daß Kästner «seine Gefühle besser in einem kleinen Aphorismenbändchen niedergeschrieben» hätte. Beim Gastspiel des Theaters in Berlin zeigte sich, daß das dortige Publikum viel mehr Sinn für die «chronische Aktualität» des Stückes hatte. Es folgte noch ein zweitägiges Gastspiel in Zürich. Auch den Zürchern, den Zeugen ante portas, war die Satire unbequem.

Es ist ein unbequemes, bitterböses Stück. Das Publikum wird auf manche harte Probe gestellt. Zum Beispiel, wenn der Scheinwerfer von der Bühne grell in den Zuschauerraum hineinleuchtet und die vier Despoten kaltblütig über das versammelte Publikum verhandeln:

DER KRIEGSMINISTER: *Die Leute sehen aus, als seien sie lange nicht eingesperrt gewesen. Vollgefressen und unverschämt.*
PREMIER *taxiert*: *Zehn Lastwagen genügten.*
KRIEGSMINISTER: *Ein paar Baracken. Elektrisch geladener Stacheldraht. Eine Latrine. Ein paar Scheinwerfer. Ein paar Maschinengewehre.*
PREMIER: *Staatlich gelenkte Sterblichkeit.*

Der Kriegsminister. Zeichnung von Chaval für die Buchausgabe des Theaterstücks «Die Schule der Diktatoren»

Der französische Zeichner Chaval

«Die Schule der Diktatoren» wurde im Februar 1957 in den Münchner Kammerspielen uraufgeführt. Im weißen Mantel, als «Professor», Peter Lühr

LEIBARZT: *Die Herrschaften wissen noch nicht, wie fidel es sich ohne Rückgrat lebt.*

Der kalte Schauer, der die im Publikum überlief, die sich erinnerten, fand auch in der Kritik seinen Ausdruck: «Nichts Erbauliches stand der Wahrheit entgegen, keine Verschönerungen, keine Konzessionen, man mußte ‹ja› oder ‹nein› sagen zu dieser unbequemen Wahrheit, und es wäre die Sache wert, wenn viele – vielleicht einmal alle ‹ja› sagen könnten.» (Karl Robert Danler, «Fränkische Presse».)

Der Kritiker George Salmony unternahm es, das Stück einzuordnen, indem er es zunächst mit Orwells «1984» verglich und dann davon abhob: «Hier, in der *Schule der Diktatoren,* gibt es nicht einmal die Individualität des Satans, sondern nur das wabernde Quallengebilde der Clique. Die Parabel von den Managern der Macht.» Er bezeichnete Kästner «den Revoltaire gegen alle dumpfen und dummen Mächte des sogenannten Schicksals». Nach der 24. Aufführung schrieb, infolge wichtiger Umbesetzungen, Max Christian Feiler eine zweite Kritik: «Zielsicher und in dichter Folge lassen sie [die Schauspieler] die geschliffenen und ätzenden Formulierungen in den Zuschauerraum hineinknattern. Das Publikum spürt: Hier ist ein Zeitstück, das diesen Namen verdient.»

1957, ein Jahr nach der *Schule der Diktatoren,* erschien das autobiographische Buch *Als ich ein kleiner Junge war.* Hermann Kesten bezeichnet es in der Porträtsammlung «Meine Freunde die Poeten» (München 1959) als «ein verkanntes Meisterwerk der deutschen Literatur nach dem zweiten Weltkrieg». Es ist von ergreifender Ehrlichkeit. Dresden, das verlorene Elbflorenz, ist der unvergeßliche Ort jener Jahre. Daß diese Kindheitserinnerungen dem bitterbösen satirischen Theaterstück folgten, ist kein Zufall. Dieser frappierende «Stoffwechsel» gehört zu Kästners Arbeitsweise.

In seinem Selbstinterview *Kästner über Kästner* schreibt der Autor: *Die Attacken ... die er, mit seinem als Lanze eingelegten Bleistift, gegen die Trägheit der Herzen und gegen die Unbelehrbarkeit der Köpfe ritte, strengten sein Gemüt derart an, daß er hinterdrein, wenn die Rosinante wieder im Stall stünde und ihren Hafer fräße, jedesmal von neuem das unausrottbare Bedürfnis verspüre, Kindern Geschichten zu erzählen. Das täte ihm über alle Maßen wohl.*

Doch so unterschiedlich Kästners Themen sind und sein Publikum in Alter und «Belehrbarkeit» ist, so einheitlich ist sein Stil.

Karl August Horst schreibt in diesem Zusammenhang über Kästner: «Ein Schriftsteller, der es fertigbringt, im Essay genau so klar und verständlich zu bleiben wie im Kinderbuch, ohne sich weder hier noch dort in eine falsche Pose zu werfen, der seinen Kredit bei der Sprache nicht überzieht, sondern, was er sich denkt, auf Heller und Wort bezahlt, ist in Deutschland, wo die Vernunft selten Märchen erzählt, nur an Lessings Ringparabel im ‹Nathan› zu messen. Auch sie wendet sich an das Kindliche im Menschen, das dem Geist unbefangener offensteht als der überlastete Bildungsverstand. Daher das Befreiende und Verjüngende in Kästners Stil.»

Das «Befreiende und Verjüngende» wird aber nicht nur durch den Stil bewirkt, sondern auch durch den Humor. Sein Humor ist ebenso geistesgegenwärtig wie seine Kritik, und er durchmißt die breite Skala Kästnerscher Ausdrucksmöglichkeiten. Von der heiteren Naivität bis zur lächelnden Vernunft. Sein Humor ist es wohl, der seine Leser zu enragierten Lesern macht. Durch das Zusammen- und Gegeneinanderwirken von Kritik und Humor demonstriert er die Fragwürdigkeit der Perspektive:

Zu Hause

Hier, wo ich stehe, sind wir Bäume,
die Straßen und die Zwischenräume
so unvergeßlich groß und breit.
Mein Gott, mir tun die kleinen Bäume
am Ende der Allee entsetzlich leid!

Kästners Kritik und sein Humor finden ihren Ausdruck in der Übertreibung. Selbstverständlich. Aber die Sachlichkeit ist ihre Basis.

Und Kästner selber? Wo finden wir ihn? In oder zwischen den Zeilen, die er schrieb oder schreibt? Kesten, der sich so ausführlich mit ihm beschäftigte, möchte das ganze Œuvre zur transfigurierten Autobiographie stempeln. Karl August Horst kommt Kästners Wesen näher. Er bemerkt, daß «nicht das Autobiographische, sondern die Differenz zwischen Charakter und Daseinsrolle» allen Büchern Kästners gemeinsam ist. Und das ist wohl der Gesichtspunkt, von dem aus «Kästner persönlich» am ehesten zu erkennen ist: die Daseinsrolle. Zwischen Eltern aufwachsend, die sich fremd waren, wurde dem sensiblen Kind die erste Rolle zugeschoben. In seinem Buch *Als ich ein kleiner Junge war* schildert er eine unvergeßliche Szene: *Es war ein Drama mit drei Personen, und der letzte Akt fand, alljährlich, am Heiligabend statt. Die Hauptrolle spielte ein kleiner Junge. Von seinem Talent aus dem Stegreif hing es ab, ob das Stück eine Komödie oder ein Trauerspiel wurde.*

In seinen Arbeiten begegnet man immer wieder Menschen, die sich, zumindest vorübergehend, in eine Rolle flüchten, im *Fabian*, in *Drei Männer im Schnee*, im *Doppelten Lottchen*. Wenn sich darin eine komödiantische Neigung verrät, dann findet sie ihren Niederschlag nur in seiner Arbeit. In «seiner Daseinsrolle» ist Kästner recht ernsthaft der ebenso stille wie hartnäckige Verteidiger Kästners. Sogar in der Liebe. Doch weil auch Charme und Grazie zu seinen vordergründigen Eigenschaften gehören, so spielt der charmante Kästner den verzwickten Kästner manchmal aus. Wie zum Beispiel in dem erwähnten Selbstinterview. Und darüber hinaus stellt er auch gleich zwinkernd die Aussagen derjenigen in Frage, die etwa äußern, daß sie ihn durchschauten. *Ich kenne Leute, die behaupten, über Kästner besser Bescheid zu wissen als gerade ich: ein paar Freunde, ein paar Frauen, ein paar Feinde.* Aber sich selbst gegenüber skeptisch genug, fügt er hinzu: *Ich bin keineswegs so vernarrt in ihn, daß ich seine Grenzen, seine Mängel und Fehler nicht sähe und in einem Werturteil über ihn nicht einzukalkulieren wüßte.*

Als Thornton Wilder ihn kennenlernte, rief er vergnügt: «He looks like his books and his books look like him.» [Er sieht aus wie seine Bücher, und seine Bücher sehen aus wie er.] Nach längerer Be-

Katzenfreund Kästner

kanntschaft schrieb Wilder an ihn: «I know six Kästners. Do the six E. K.'s know another?» [Ich kenne sechs Kästners. Ob die sechs Kästners einander kennen?]

Hilde Decke, seine erste Kollegin, behauptet jedenfalls nach jahrelanger Freundschaft: «Er gehört zu den seltenen Männern, die trotz ihrer Intelligenz liebenswürdig sind.» Bele Bachem gestand: «Ich fürchte mich ein bißchen vor ihm. Er hat schon morgens so prinzliche Manieren.» Und Werner Finck, alter Bekannter seit Berliner Zeiten, reiht ihn in sein «gedachtes Lexikon über Respektspersonen» ein: «Das sind Menschen, denen man auch im volltrunkenen Zustand nicht auf die Schulter klopfen könnte, schon gar nicht mit den Worten: Na, alter Junge!»

Da Kästner, wie einst in Berlin, allabendlich ausgeht, in kleine, sparsam beleuchtete Bars, kennen ihn viele Kellner der Stadt. Sie stellen ihm eine Kerze auf den Tisch, damit er sehen kann, was er schreibt. Und was er schreibt, ist Stenographie. Er macht Notizen für seine jeweilige Arbeit. Die Münchner Taxichauffeure, die ihn fast alle kennen, loben ihn über den grünen Klee. Und nicht nur, weil er ein guter Kunde ist. «Immer liebenswürdig!» sagen auch sie. Kästner fährt keinen eigenen Wagen, trotz eigener Garage. «Nie!» beteuert er. «Er kann keinen Nagel einschlagen!» versichern seine Hausgeister. «Aber Spiegeleier mit Schinken kann er.» *Ich bin Linkshänder!*, mokiert er sich über sich selber. Doch das stimmt nicht genau. Er schreibt mit der rechten Hand. Aber er spielt mit der linken Tennis. «Sehr irritierend!» behaupten seine Partner. Walther Kiaulehn widmete dem «Phänomen», daß bei Kästner Bier nicht «anschlägt», eine eingehende kulturphysiologische Untersuchung. Er kennt ihn noch aus Zeiten, als Kästner nur Sekt trank. *Der Arzt hat mir Sekt verordnet. Manchmal folge ich ärztlichen Ratschlägen!* sagte Kästner damals. «Er liebt beredte Mädchen!» behauptet Kesten. Kästner verabscheut Schwätzer. Damen, die parlieren, treiben ihn in die Flucht. Ohne Rücksicht auf Schönheit und Sex-Appeal. «Haben Sie Telefon?» *Leider!* ruft er ärgerlich. *Eine Erfindung, die keine Zukunft haben sollte!* «Lieben Sie Katzen?» *Ja, weil sie nicht bellen!* Kästners Hausgenossen verhalten sich schweigsam, damit er in seinen vier Wänden leben und arbeiten kann. Er lebt in einer heiteren Schweigsamkeit.

Ob die sechs Kästner einander kennen? fragte Thornton Wilder. Sie kennen sich. Sie schauen einander in die Karten. Aber kiebitzen verpflichtet zu Diskretion. Und Diskretion gehört zu Kästners Talenten.

Und wie sieht Kästner heute aus? Kesten beschreibt ihn so: «Er hat blaue Augen, still ergrauendes gewelltes Haar, buschige Brauen, schöne Wimpern und Hände, ein verschmitztes Lächeln, einen Anflug von sächsischem Dialekt, urberlinische Redensarten und einen paraten Witz ... Politisch ein grundsätzlicher Liberaler, weltanschaulich ein radikaler Humanist und von Natur vernünftig, ist er diskret und verschwenderisch, schüchtern und verwegen, still und aufsässig, verbindlich und empfindlich, bitter und delikat.»

Kästner sitzt am Fenster, dessen breite Marmorplatte ihm als Schreibtisch dient, blickt auf die geblümte Wiese, trinkt sein Bier und beantwortet die Frage, woran er zur Zeit arbeitet: *An einem Theaterstück*. Über den Inhalt will er sich nicht äußern. *Und dann plane ich eine ernste Erzählung.*

Er nimmt den spitzen Bleistift aus der linken oberen Rocktasche und legt die nächtlichen Notizen neben die Schreibmaschine. Höchste Zeit, ihn allein zu lassen! Denn nun will Erich Kästner arbeiten.

Es gibt Glücks-, aber auch Pechsträhnen. Das Theaterstück, von dem eben die Rede war, *Die Eiszeit*, blieb, kaum begonnen, auf der Strekke. Der Autor bekam den ungewöhnlichen Stoff nicht in den Griff. *Die angemessene Kunstform dafür wäre der Film*, sagte er, *aber niemand würde dieses erotische Pandämonium drehen.* Und so legte er *Die Eiszeit* aufs Eis. Auch die geplante Erzählung *Die Kavaliersreise* blieb in Notizen und Schreibübungen stecken. Freilich aus ganz anderen Ursachen. *Die Geschichte ist ausweglos traurig*, meinte er, *und mir ist ohnedies recht melancholisch zumute. Ich würde bei der Niederschrift Tränenkrüge vollweinen. Und das widerspräche dem Abkommen zwischen Erzählung und Erzähler.* Was war mit Kästner los? Er war krank, ohne es zu wissen.

So passiv, daß er völlig «arbeitsunfähig» gewesen wäre, war er aber nicht. Er griff auf seine Tagebuchnotizen aus dem Dritten Reich zurück und brachte die interessantesten Abschnitte – seine stenographischen Eintragungen vom Februar bis zum August 1945 – in Buchform: also die letzten Monate des Großdeutschen Reichs bis zum Zusammenbruch und die ersten Monate nach der Kapitulation, mit vielen 1945 fixierten Erinnerungen aus den früheren Nazijahren bis zum Jahre Null.

Das Gewissen ist drehbar, heißt es in einem Abschnitt über *Die Veränderbarkeit des Menschen unter der Diktatur*, und: *Genauso wie man aus frommen Menschenfressern fromme Christen machen kann, kann man aus frommen Christen fromme Menschenfresser machen.*

Dieses Diarium erschien im Frühjahr 1961 unter dem Titel *Notabene 45* (Atrium Verlag, Zürich, und Cecilie Dressler Verlag, Berlin). *Ich notierte nicht alles, was ich damals erlebte. Das versteht sich. Doch alles, was ich damals notierte, habe ich erlebt*, konstatierte Kästner im Vorwort. Das Buch war und ist ungemütlich. Es war und ist notwendig. *Bruchteile der Vergangenheit zeigen sich im Maßstab 1 : 1. Sie wird anschaulich. Der Mensch wird sichtbar. Er erscheint in natürlicher Größe. Er wirkt nicht sonderlich groß? Nein. Nicht einmal aus der Nähe. Gerade aus der Nähe nicht.*

Im Herbst des gleichen Jahres erschien (bei Überreuter, Wien) in Kästners Nacherzählung für Kinder der von Horst Lemke illustrierte *Gulliver*. Es war der sechste Band einer in dieser Biographie noch nicht erwähnten Serie. Ausgaben von *Eulenspiegel*, vom *Gestiefelten Kater*, von den *Schildbürgern*, von *Münchhausen* und *Don Quichotte* waren vorausgegangen.

Es ist immer einmal wieder an der Zeit, solche unzerreißbaren

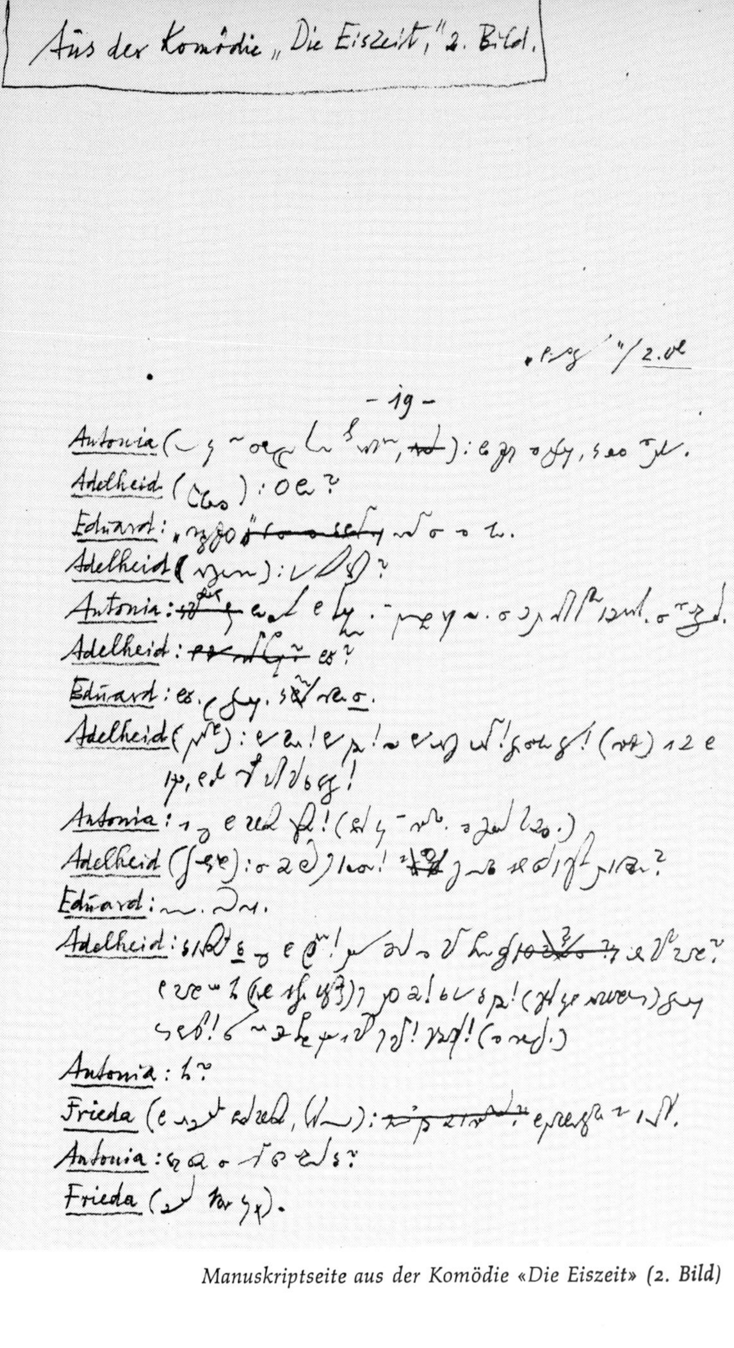

Manuskriptseite aus der Komödie «Die Eiszeit» (2. Bild)

Geschichten nachzuerzählen. Sonst schmecken sie den Kindern altbakken, obwohl sie alterslos sind. Daß man sie sprachlich verschimmeln ließe, wäre unverantwortlich. Verantwortungslos ist freilich die meist mit dümmlichen zehn Zeilen dokumentierte Gleichgültigkeit der Literaturbeilagen unserer Zeitungen. Dort werden solche Nacherzählungen mit zehn Zeilen von Leuten abgetan, die keine zehn Zeilen der Nacherzählungen gelesen haben.

Kästner arbeitete an seiner *Gulliver*-Fassung über ein halbes Jahr. Und er machte sich – Swift möge es ihm verzeihen – das heimliche Vergnügen, die herrlichen Abenteuer durch eigene kleine Einfälle, bei den Zwergen wie bei den Riesen, zu bereichern. Daß es bis heute niemand gemerkt hat, ist kein Wunder. Denn die Kinder konnten es nicht merken, da sie das Original nicht kennen. Und die Zehnzeilenschinder konnten es erst recht nicht merken. Sie rezensierten, was sie nicht gelesen hatten.

Im gleichen Herbst, als *Gullivers Reisen* erschienen, hatte Kästner in der Wiener Stadthalle vier Vorlesungen, vor jeweils etwa viertausend Zuhörern, zu absolvieren. Am Schluß des dritten Abends, während einer Fernsehaufnahme, bekam er einen Ischias-Anfall. Er schleppte sich vom Podium. Um die letzte Vorlesung, am nächsten Abend, nicht zu gefährden, ernährte er sich bis dahin von schmerzstillenden Tabletten. Infolge dieser Parforcekur konnte er zwar, wenn auch krumm und schief, die Vorlesung retten. Doch die andere Folge war, daß er, nach München zurückgekehrt, nicht nur Ischias, sondern auch Magenkrämpfe hatte. Nach wochenlangem Krankenlager rieten ihm die Ärzte zur Umsiedlung in die Medizinische Universitätsklinik. Dort entdeckte man bei der Generaluntersuchung ein drittes und völlig schmerzloses Übel. Der Röntgenschirm offenbarte «Schönheitsfehler» der Atmungsorgane. Der Professor riet zu sofortigem Ortswechsel und schlug Ägypten oder Sizilien vor. Auch dem erschrockenen Patienten schien Eile angebracht. Um keine Woche zu zögern, brauchte er nur an die von der gleichen Krankheit abgekürzten Lebensläufe der von ihm bewunderten Kollegen Morgenstern, Klabund und Ringelnatz zu denken. Und er dachte daran.

Aber Ägypten oder Sizilien? Gegenden, wo niemand deutsch sprach? Und Davos? Dünne Höhenluft, das wußte er, vertrug er nicht. Also wohin? Da erwähnte einer der Ärzte das Sanatorium in Agra. Wo denn Agra läge? Im Tessin. Ein paar hundert Meter überm Luganer See. Etwas höher als Montagnola, wo Hermann Hesse und der Maler Hans Purrmann wohnten. Das klang vertrauter. Es wurde korrespondiert.

Und im Januar 1962 verfügte sich der Patient nach Agra. «Zu-

Agra

nächst einmal» für ein halbes Jahr, wie der Chefarzt tröstlich meinte. Nun, der Aufenthalt dauerte «zunächst einmal» knapp anderthalb Jahre. Bis zum Mai 1963.

Die Anhöhe, auf deren Gipfel Agra liegt, heißt «Collina d'Oro», zu deutsch «Der Goldene Hügel», und dieser Name ist keine Schmeichelei. Der Park des Sanatoriums mit seinen Magnolien, Zypressen, Mimosen und Kamelienbüschen, mit seinen gepflegten Blumenbeeten und Wiesen voller Himmelsschlüssel, er grenzte ans Paradies. Andererseits: das Leben so manches der hundertfünfzig Patienten grenzte, näher als anderswo, ans Lebensende.

Wie es in solchen Stationen, die leicht zur Endstation werden können, im einzelnen zugeht, äußerlich und innerlich, das hat Thomas Mann im «Zauberberg» meisterhaft geschildert. Und auf dem «Goldhügel» ging es nicht anders zu. Die Ärzte und Schwestern, das Klima und die Chemie tun das Ihre. Doch auch der Patient hat seine Aufgaben. Die Krankheiten, die nur er bezwingen kann, sind die Selbstentfremdung, die Depression, das Gefängnisgefühl und die Lethargie. Da hat es der Schriftsteller am leichtesten: er kann seinem Beruf nachgehen, auch während der Liegekur auf dem «Bock», auch mit dem Thermometer im Mund, auch beim Warten vorm Laboratorium, vorm Röntgenzimmer und auf die Visite. So meinte Kästner.

Als, nach einigen Monaten, die Diagnosen günstiger lauteten und die ärztlichen Vorschriften gelockert werden konnten, begann Kästner zu arbeiten. Im Zimmer, während der Schweigekur auf der Loggia; nach dem Mittag- und Abendessen beim «Toni» im Glyziniengarten des «Ristorante San Gottardo». Toni Wiss, das war der Pächter eines kleinen Agreser Lokals, und nun, da Kästner wieder «seine Kneipe» hatte, schien das reduzierte Dasein nur noch halb so schlimm. Der Toni war ein Original. Doch auch sonst herrschte an Originalen da oben kein Mangel. Da gab es den lebensfrohen französischen Pfarrer, der vom Lauf der Welt und vom Kochen mindestens so viel verstand wie von der Sonntagspredigt. Da gab es den skurrilen Maler Burkhardt, der jahrzehntelang als Zirkusartist herumgezogen war, beim Toni als Pensionär lebte und beim fünften Glas Valpolicella Partien aus «Faust, 2. Teil» zu zitieren und zu interpretieren anhub. Da gab es auch in der buntscheckkig zusammengewürfelten Gesellschaft der Kranken und Todeskandidaten merkwürdige Figuren genug. E. T. A. Hoffmann-Figuren unter Pinien und Palmen. Und wenn man ins Sanatorium «heimkehrte», fiel der erste Blick auf einen gläsernen Vorbau im ersten Stock: den Operationssaal.

Später fuhr Kästner stundenweise, in Tonis Auto, sogar nach Lugano hinunter. In diese hübsche Spielzeugstadt, an den hübschen Spielzeugsee. Dort saß er, im Kursaal oder an der Piazza di Riforma, und schrieb. Zunächst, nach seinem Lustspiel *Zu treuen Händen*, das Drehbuch für den Film *Liebe will gelernt sein*. Kurt Hoffmann, der Regisseur, kam, wenn er Zeit für Ferien in Breganzona hatte, zu Toni herüber oder nach Lugano hinunter. Oder Kästner fuhr nach Breganzona hinauf.

In jedem Fall mußte er abends acht Uhr im Sanatorium einpassieren. Schon eine Minute danach war die Tür verschlossen. Dann hieß es klingeln. Dann kam die Nachtschwester mit dem Schlüsselbund. Und dann kam die Eintragung ins schwarze Buch, das morgens dem Chefarzt vorgelegt wurde. Natürlich gab es, wie immer in solchen strengen Gebäuden, auch weniger korrekte Wege. Aber mit 63 Jahren klettert man nicht mehr so gern durch zufällig oder absichtlich offene Fenster.

Hermann Hesse starb und wurde in Montagnola begraben. Jakob Hegner starb und wurde in Lugano beigesetzt. Und auch im Sanatorium blieben nicht alle Bewohner am Leben. Andere wurden gesund. Oder zumindest gesünder. Zu diesen Glücklicheren gehörte auch Kästner.

Im Ristorante San Gottardo: Toni schenkt ein

Der Maler und Bildhauer Pauli Burkhardt, ebenfalls Stammgast bei Toni

Kurt Hoffmann ging mit dem Drehbuch ins Atelier. Und der Autor begann – im Zimmer auf Station III, beim Toni, im Kursaal und im «Café Olimpia» – wieder einmal etwas für Kinder zu schreiben. Die Hauptfigur der Geschichte war ein Junge, der nur fünf Zentimeter maß, in einer Streichholzschachtel schlief, als Waise im Zirkusmilieu aufwuchs, als Pflegesohn und Gehilfe des Zauberkünstlers Jokus von Pokus internationalen Artistenruhm erwarb, von Räubern gekidnappt wurde, ihnen schließlich entrinnen konnte, ihre Verhaftung ermöglichte und zu seinem Zirkus zurückkehrte.

Dieses Buch entstand aus Geschichten, die Erich Kästner seinem Sohn Thomas, der 1957 geboren worden war, erzählt hatte. Thomas Kästner und seine Mutter Friedel Siebert leben in der Schweiz, Thomas Kästner ist Musiker.

Der Titel des Buchs *Der Kleine Mann* stand von Anfang an fest. Der Reichtum an Spaß und Abenteuern, aber auch an unaufdringlicher Belehrung ergab sich, einfach genug, aus fünf Zentimetern, das heißt aus der anomalen Kleinheit eines im übrigen völlig normalen Knaben. Mäxchen Pichelsteiner, so heißt der muntere Miniaturheld, hat insgeheim einen einzigen sehnlichen Wunsch: er möchte genauso groß sein wie andere gleichaltrige Kinder. Doch als sich, wenn auch nur im Traum, der Wunsch erfüllt, da erlebt der Junge die Zweischneidigkeit der Wünsche und ihrer Erfüllung. Als *Kleiner Mann* war er groß, als großer Junge ist er klein. Niemand erkennt ihn. Seine Talente taugen zu nichts. Als er weinend erwacht, hat er etwas gelernt: Man kann nicht beides haben.

Die Arbeit ging gut voran. Der Herbst und der Winter kamen. Auf der Piazza di Riforma schimmerte, elektrisch bunt, der Christbaum. Horst Lemke, der Illustrator, kam aus seinem Bauernhaus vom Lago Maggiore zum Luganer See herüber. Das Umschlagbild wurde immer wieder entworfen und verworfen. Der Tessiner Frühling zog ein und übertraf sich selbst.

Am 1. April 1963 schickte Kästner das fertige Manuskript an die Verleger (Atrium Verlag, Zürich, C. Dressler Verlag, Berlin). Im Mai kehrte er – nicht völlig geheilt, aber fürs normale Leben weiter verwendbar – nach München zurück. Im frühen Herbst erschien in London (Jonathan Cape Ltd.) *Let's Face it*, eine von englischen Literaten und Professoren übersetzte Auswahl seiner Gedichte. *Der Kleine Mann* lag im November in den Schaufenstern der Buchhandlungen. Und im Januar 1964 fuhr Kästner, auf Anraten der Ärzte, wieder ins Sanatorium. Wieder nach Agra.

Und wieder Krankenzimmer und Hausordnung, Liegekur und Röntgenschirm, Wäschezeichen bis zum letzten Taschentuch, Fieberkurve

Bei der Arbeit

Beim Tennis

und Chemie, Moribunde nebenan und Filmvorführungen im Speisesaal, Bronchioskopie und Faschingsfeier, Zugänge und Heimreisen, manche Heimreise erst nach sechs, sieben Jahren «Agra» – Ankunft und Heimkehr ins Ungewisse.

Es kam der 65. Geburtstag, und es kam der Tessiner Frühling. Zum drittenmal hatte Kästner, bei aller Sorge um sein Körperheil, das Glück, die schönste Jahreszeit gerade dortzulande zu erleben. Dieser ebenso sanfte wie unwiderstehliche Aufbruch der Natur zum neuen Anfang hilft, wenn es etwas zu helfen gibt, den Kranken und den Ärzten gleicherweise. Die Mediziner und die Patienten, wenn sie Erfahrung genug gesammelt haben, wissen es. Der Befund und das Befinden sind nicht dasselbe. Und auch wenn die Natur nicht der Chefarzt sein sollte – der Oberarzt ist sie wohl auch heute noch.

Die Kurvorschriften konnten bald gelockert werden. Zwei, drei Nachmittagsstunden «extra muros», außerhalb des Sanatoriums, wurden zur Regel. Für Abwechslung war gesorgt: da gab es die Esel und Ziegen drüben in Carona, die Cranachs, Holbeins und Goyas in Thyssens Villa Favorita, Tennisturniere in Castagnola, den bunten Jahrmarkt in Luino, Stippvisiten in Ascona, und, kurz vorm täglichen Torschluß, natürlich wieder Tonis Gartenkneipe, seine Katzen und den Dackel Bobby, die lärmende Musikbox und den Abmarsch der Patienten zum Sanatorium, wo schon die Nachtschwester mit dem Schlüsselbund klapperte.

Diesmal dauerte der Aufenthalt nur sieben Monate. Im August wurden die Koffer gepackt. Dabei half wieder Willi Burt, der heisere Tapezierer und Postbote des Hauses, der seit einiger Zeit ein Stimmband aus Nylon besaß. Den Maler und Faustkenner Burkhardt hatte man auf dem Dorfkirchhof zu Grabe getragen. Und Toni hatte in Tesserete ein anderes Restaurant gepachtet. Denn das Sanatorium würde geschlossen werden. Die meisten Ärzte waren entlassen worden. Einige Stationen lagen bereits still. Alle Versuche der Stammpatienten, in Bern und Bonn auf die Erhaltung des Sanatoriums als idealer Lungenheilstätte hinzuwirken, waren gescheitert. So war Kästners Abschied von Agra ein Abschied für immer.

Die vorliegende Biographie will den Weg des Autors bis Ende 1965 verfolgen. Und der Bericht über diese letzte Zeitspanne, also knappe anderthalb Jahre, darf kurz gefaßt werden. Kästner hat in der angegebenen Zeit kein Buch veröffentlicht, kein Stück und kein Drehbuch geschrieben, und es hat wenig Sinn, ihn nach literarischen Plänen zu fragen. Er zuckt die Achseln und blickt aus dem Fenster. Es ist mißlich, einem Schriftsteller in einer «schöpferischen» oder womöglich unschöpferischen Pause mit Fragen zu kommen.

Und gerade in diesen anderthalb Jahren wurden ihm mancherlei Ehrungen zuteil. Das Goethe-Institut schickte eine Erich Kästner-Ausstellung – mit Fotos, Texten und Büchern – in die deutschen Kulturinstitute im Ausland: nach Finnland, Schweden, Norwegen, Dänemark, Amerika und Kanada. In Stockholm und Kopenhagen nahm er an der Eröffnung teil. London, Paris und Tokio sollten die nächsten Etappen der wandernden Ausstellung sein.

Er wurde, neben Kasimir Edschmid, zum Ehrenpräsidenten des deutschen PEN-Zentrums der Bundesrepublik gewählt. Und in Berlin-Dahlem wurde, an einer Straße mit dem hübschen Namen «Bachstelzenweg», eine moderne Volksschule «Erich Kästner-Schule» getauft. Gibt es etwas Beglückenderes für einen Schriftsteller, als daß, zu seinen Lebzeiten, eine Schule nach ihm benannt wird? (Indessen gibt es mehr als zwanzig Erich Kästner-Schulen.)

Aber freilich: wenig später verbrannten junge «entschiedene Christen» am Rheinufer in Düsseldorf unter Absingung frommer Lieder in- und ausländische Literatur. Und sie hätten, sagten sie, ganz und gar nicht an die große Bücherverbrennung am 10. Mai 1933, sondern an die vom Apostel Paulus angeratene Verbrennung heidnischer Zauberbücher in Ephesus gedacht!

Und erst vor ein paar Wochen, im März 1966, haben die Gemeindewahlen in Bayern und Hamburg gezeigt, daß der deutschen Demokratie die alten Feinde drohen. Ihre Firma hat sich etwas geändert. NPD heißt sie diesmal. In Nürnberg erhielten sie über sieben Prozent der abgegebenen Stimmen, und in Richard Wagners Bayreuth rund zehn Prozent. Ein General des Zweiten Weltkriegs, nunmehr Stadtrat der nationalistischen Partei, hat neulich einem Reporter aufgeräumt erklärt: «Wer im Dritten Reich nichts geworden ist, erbringt damit noch nicht den Beweis für Widerstand, sondern eher für Dämlichkeit.»

Nach vielen offiziellen Tätigkeiten und Reisen «erholte» sich Kästner wieder einmal bei einem Kinderbuch: *Der kleine Mann und die kleine Miss.* Dieses neue Kinderbuch erschien 1967 im Atrium Verlag, Zürich. Kästner hatte es, ebenso wie der *Kleine Mann,* für seinen Sohn Thomas geschrieben.

Unerwartet kam Kästners Doktorarbeit *Friedrich der Große und die deutsche Literatur* wieder ins Verlegergespräch. 1972 erschien sie im Kohlhammer-Verlag. Es gab ungewöhnliche Buchbesprechungen über Kästner als meisterhaften Zeit- und Literaturkritiker. Einer der bewundernden Rezensenten bedauerte, daß Kästner sich nicht häufiger mit derartigen Themen beschäftigt habe, statt Unterhaltungsromane zu schreiben.

Nun, Erich Kästners Anliegen war es seit Anbeginn, für ein großes Publikum zu schreiben. Dort mit seinen Einsichten und seiner Gesellschaftskritik zu wirken, war ihm wichtiger als Geltung in einem exklusiven Kreis. Dieses breite Publikum hat es ihm durch Sympathie und Treue jahrzehntelang gedankt und dankt es ihm täglich. Noch heute, am 3. Juni 1974, an dem diese letzten biographischen Zeilen geschrieben werden, kämpft sich Kästner durch die letzte Etappe seiner Geburtstagspost zum 75.!

Anfang 1973 war er erkrankt – eine Grippe. Nur ein paar Tage. Aber es dauerte Monate, bis er sich davon einigermaßen erholte. Nun ist er etwas müde und noch ein bißchen stiller, als dieser ohnehin sehr stille Mensch seit eh und je war.

Er sitzt am Fenster und blickt in seinen Garten, treibt Vogelstudien, denn in den alten Bäumen, im Flieder bei den Jasminbüschen, in kleinen Tannen und in den Rosenhecken nisten viele Arten und lassen sich mit viel Vergnügen füttern.

Kästner, sehr häuslich geworden, trägt mit Vorliebe ganz leichte wollene oder seidene Morgenröcke – und einen «Dreitagebart».

«Wollen Sie sich einen Vollbart wachsen lassen?» fragt ihn ein Reporter.

Erich Kästner lächelt verschmitzt: *Damit man sagen kann: Kästner – soon Bart!? Nee!* Er macht dabei die entsprechende Geste. *Eine rein kosmetische Maßnahme, vom Arzt empfohlen, weil meine Haut zur Zeit zu entzündlichen Reizungen neigt. Also nicht so oft rasieren.*

«Beneidenswert!» sagt der Reporter. «Möcht ich auch, aber meine Braut ist dagegen.»

Auch Bräute haben gelegentlich Vorurteile, grüßen Sie von mir, sagt Kästner abschließend.

Auf dem Fensterbrett liegen, neben Büchern und Zeitungen, Zettel mit Notizen. Auf einem der Zettel steht: *Die Einbahnstraße als Sackgasse.* «Was bedeutet diese Formulierung?» fragt Lotte. *Es handelt sich,* sagt er, *um die von den Deutschen in kritischen Zeiten bevorzugte Marschroute.*

3. Juni 1974

Ich sitze fassungslos vorm Fenster zum Garten, in dem leergewordenen Stuhl, im leergewordenen Haus. Auf der Terrasse liegt, zusammengekauert, die tieftraurige Katze Lollo. Bei jedem Gang zur Haustür folgt sie mir, als fürchte sie, ich könnte auch «einfach so» gehen und nicht wiederkommen.

Wie «das» so schnell kam? Es kam nicht so schnell. Es kam so heimlich. Bei einem bescheidenen Esser, wie Erich Kästner, war es nicht schnell zu bemerken.

Ein paar Tage vor seinem 75. Geburtstag interviewte eine junge Reporterin uns beide. Sie und ich verstrickten uns in Hausfrauengespräche. Ich beklagte mich, daß ich ihm abends immer die schönsten belegten Brote nach seinem Wunsch zubereite und sie am nächsten Morgen, kaum berührt, aus seinem Zimmer wieder heruntertrage: «Er ist überhaupt so appetitlos. Es muß etwas geschehen!»

Es geschah etwas. Nach seinem Geburtstag gingen wir zu einem gutempfohlenen Spezialisten. Erich sprach über seine Schluckbeschwerden. Der Arzt untersuchte ihn und stellte fest: Nichts Bösartiges. Er schrieb ein Rezept, wir kauften die Medikamente. Nach Wochen bekannte Erich: *Es wird nicht besser. Es wird schlechter.*

Wir besuchten eine Röntgenärztin, die mich, als ich die im fest verschlossenen Umschlag enthaltenen Negative abholte, fragte: «Zu welchem Arzt gehen Sie jetzt?» Ich nannte eine Kapazität. Und dann eröffnete sie mir den Befund. Es gelang mir kaum, den lähmenden Schreck zu verbergen.

Ich teilte Erich den Befund nicht mit, weil ich Angst hatte, er würde dann nicht mehr kämpfen.

Nach einer gründlichen, eintägigen Untersuchung im Krankenhaus eröffnete der berühmte Spezialist dasselbe: Speiseröhrenkrebs. Er empfahl einen Klinikaufenthalt bei einem Arzt, der mit seinem Verfahren in solchen Fällen Erfolg gehabt habe. Ich bestellte dort ein Zimmer. Erich weigerte sich jedoch, hinzufahren. Auch das ruhige Zureden eines ärztlichen Freundes half nichts.

Erich war sehr mager geworden. Von Suppe, Fleischbrühe, ein bißchen Tartar, Eis und Obstsäften kann kein Mensch gedeihen. Am 25. Juli verlangte Erich nach dem Hausarzt. Es war ihm so schwindlig. Um drei Uhr nachmittags wurde er ins Krankenhaus Neuperlach gebracht und sofort durch Tropfinfusion in die Armvene ernährt.

Als ich ihn am 26. Juli besuchte, war er ungehalten über die Kanüle im Arm. *Blödsinn!* flüsterte er. Ich tröstete ihn: «Irgendwie mußt du wieder zu Kräften kommen!» Er schnaubte zweifelnd durch die Nase. Am 27. Juli hatte seine Gesichtshaut einen ganz zarten rosa Schimmer. Ich sagte ihm, daß er etwas besser aussähe und daß er aushalten möge, damit er bald wieder nach Hause kommen könne. Er lächelte ein wenig. Als ich am 28. kam, war es viel schlechter geworden. Er war sehr unruhig und warf sich hin und her. Die Augen waren geschlossen.

Frau Holzer, seit mehr als zwanzig Jahren unsere Zugehfrau, und ihr Mann waren gekommen. Wir saßen da und betrachteten Erich tief besorgt und traurig.

Einmal machte er die Augen auf, und wir hatten den gewissen Eindruck: er erkennt uns. Wie zum Gruß bewegte er die Finger ein wenig. Dann schloß er die Augen wieder. Er lag nun ruhiger da.

Am 29. Juli 1974 früh rief das Krankenhaus an: Erich Kästner war an diesem Morgen 6 Uhr 35 gestorben.

Sohn Thomas und seine Mutter, auf Reisen in Jugoslawien, hörten dort die Todesnachricht. Thomas fuhr sofort nach München.

Nach seinem Willen wurde Erich Kästner eingeäschert. Am 1. August, im Krematorium des Münchner Ostfriedhofs. Es waren nur geladene Freunde und Bekannte anwesend. Die Beisetzung der Urne fand im kleinsten Kreis am 5. August statt auf dem romantischen kleinen Bogenhausener St. Georgsfriedhof. Wir spielten ihm dabei ganz leise den Walzer aus dem «Rosenkavalier», wie er es sich einmal gewünscht hatte.

Heute morgen haben wir sein Grab bepflanzt. Mit rosa und rosalila Hortensien aus unserem Garten in der Flemingstraße. Denn er hat diesen Garten sehr geliebt. Hinter seiner letzten Ruhestätte steht, an der Straßenseite der Mauer, eine grünumrankte Laterne. Eine Laterne wie zu Hause in seinem Garten.

«Ein Tag ist zu Ende», schrieb ein Verleger und Freund des Hauses. «Sprechen wir nicht von Sonnenuntergang. Sprechen wir von dem, was im Italienischen ‹Tramonte› heißt. Die Sonne ist nicht untergegangen. Die Sonne ist über die Berge entschwunden, aber sie ist da.»

Tramonte!

13. August 1974
Luiselotte Enderle

ZEITTAFEL

1899 23. Februar: Erich Kästner in Dresden geboren
1906 Besuch der Volksschule in Dresden
1913 Eintritt ins Freiherrlich von Fletscher'sche Lehrer-Seminar, Dresden
1917 Einberufung zum Militär
1918 Entlassung aus dem Heeresdienst. Abschlußkursus im Strehlener Lehrerseminar
1919 Als Hospitant im König-Georg-Gymnasium. Erste Gedichtveröffentlichung in der Schülerzeitung des Gymnasiums. Kriegsabitur. Goldenes Stipendium der Stadt Dresden. Studienbeginn mit dem Wintersemester in Leipzig (Germanistik, Geschichte, Philosophie und Theatergeschichte)
1920 Erste wesentliche Publikationen in «Dichtungen Leipziger Studenten» und erste Zeitungsartikel
1921 Sommersemester in Rostock. Wintersemester in Berlin
1922 Studium in Leipzig. Famulus und Senior bei Prof. Albert Köster. Besuch des Zeitungswissenschaftlichen Instituts und Werkstudent. Anstellung an der «Neuen Leipziger Zeitung».
1925 Doktorexamen (Thema: *Die Erwiderungen auf Friedrichs des Großen Schrift «De la littérature allemande»*)
1926 Mit der Mutter erste Auslandsreise (Schweiz und Italien)
1927 Übersiedlung nach Berlin. Theaterkritiker und freier Mitarbeiter für Zeitungen und Zeitschriften («Weltbühne», «Tagebuch», «Montag Morgen», «Vossische Zeitung», «Berliner Tageblatt» und Provinzzeitungen)
1928 Erste Reise nach Paris mit Erich Ohser. Gedichtband *Herz auf Taille* (Verlag Curt Weller, Leipzig). Bekanntschaft mit Walter Trier
1929 Gedichtband *Lärm im Spiegel* (Verlag Curt Weller, Leipzig). *Leben in dieser Zeit* (Hörspiel mit Musik von Edmund Nick; Chronos Verlag Martin Mörike, Berlin). *Emil und die Detektive* (Roman für Kinder; Verlag Williams & Co., Berlin). Bekanntschaft mit Hermann Kesten
1930 *Ein Mann gibt Auskunft* (Gedichtband; Deutsche Verlags-Anstalt, Stuttgart). Bühnenfassung *Emil und die Detektive* (Chronos Verlag Martin Mörike, Berlin). *Arthur mit dem langen Arm* (Kinderverse; Zeichnungen von Walter Trier; Verlag Williams & Co., Berlin, später Atrium Verlag, Zürich)
1931 *Fabian* (Roman; Deutsche Verlags-Anstalt, Stuttgart). *Pünktchen und Anton* (Roman für Kinder; Verlag Williams & Co., Berlin). Kurzfilm *Dann schon lieber Lebertran*, mit Max Ophüls als Regisseur. Drehbuch *Emil und die Detektive* mit Emmerich Pressburger und Billy Wilder als Mitautoren (Regisseur: Gerhard Lamprecht; Ufa). Wahl in den PEN-Club. Erste eigene Wohnung in Berlin-Charlottenburg, Roscherstraße. *Der 35. Mai (Kinderbuch). Pünktchen und Anton* in Bühnenfassung bei Max Reinhardt, Berlin
1932 *Gesang zwischen den Stühlen* (Gedichtband; Deutsche Verlags-Anstalt, Stuttgart)
1933 *Das fliegende Klassenzimmer* (Roman für Kinder; Deutsche Verlags-

Anstalt, Stuttgart, später Atrium Verlag, Zürich). Verbot, in Deutschland zu publizieren. Kästners Bücher werden verbrannt

1934 *Drei Männer im Schnee* (Roman; Rascher Verlag, Zürich). Erste Verhaftung in Berlin durch die Gestapo

1935 *Emil und die drei Zwillinge* (Roman für Kinder; Atrium Verlag, Zürich)

1936 *Die verschwundene Miniatur* (Roman; Atrium Verlag, Zürich). *Doktor Erich Kästners lyrische Hausapotheke* (Gedichte; Atrium Verlag, Zürich). Reise nach Davos. *Der Zauberlehrling* (Romanfragment)

1937 Zweite Verhaftung in Berlin. Reise nach Reichenhall und täglicher Grenzübergang nach Salzburg zum Treffen mit Walter Trier. Vorbereitung des heiteren Romans *Georg und die Zwischenfälle*

1938 *Georg und die Zwischenfälle*, späterer Titel: *Der kleine Grenzverkehr* (Atrium Verlag, Zürich). *Till Eulenspiegel* (Bilderbuch; Atrium Verlag, Zürich). Reise nach London und Rückkehr wegen Kriegsgefahr

1939 Romanfragment *Die Doppelgänger*

1940 *Chauvelin oder Lang lebe der König!*, 1. Akt. – *Das Haus Erinnerung*, Komödie

1942 «Münchhausen»-Drehbuch für den Jubiläumsfilm der Ufa (Regisseur: Josef von Baky). *Der kleine Grenzverkehr* (Drehbuch; Regisseur: Hans Deppe; Ufa). *Das doppelte Lottchen, Filmtreatment*. Schreibverbot für Deutschland und das Ausland

1943 *Zu treuen Händen*, Komödie

1945 März: Mit Filmexpedition von Harald Braun (Ufa) nach Mayrhofen (Tirol, Zillertal). Sommer: Kurzer Aufenthalt in Schliersee. Herbst: Gründung des Kabaretts «Die Schaubude» in München (künstlerische Leitung: Rudolf Schündler). «Die Neue Zeitung» gegründet, Kästner wird Feuilletonleiter

1946 Januar: Erste Wohnung in München (Schwabing, Fuchsstraße). Erstes Kästner-Buch nach dem Kriege: *Bei Durchsicht meiner Bücher* (Gedichtauswahl; Rowohlt Verlag, Stuttgart, und Atrium Verlag, Zürich). Erste Reise nach dem Krieg nach Berlin und Dresden. Wiedersehen mit den Eltern

1947 Erste Reise nach dem Krieg ins Ausland zum Internationalen PEN-Kongreß in Zürich. Aufgabe des Postens in der «Neuen Zeitung». Begegnung mit Ludwig Renn, in Berlin, der aus dem Exil in Mexiko zurückgekehrt war

1948 *Der tägliche Kram*, Chansons und Prosa 1945–1948 (Verlag Cecilie Dressler, Berlin, und Atrium Verlag, Zürich). *Kurz und bündig*, Epigramme (Oltner Bücherfreunde, Olten). In Düsseldorf Uraufführung von *Zu treuen Händen*, Komödie, unter dem Pseudonym Melchior Kurtz (Chronos Verlag Martin Mörike, Hamburg)

1949 *Die Konferenz der Tiere* (Bilderbuch nach einer Idee von Jella Lepman; Europa-Verlag, Zürich). *Das doppelte Lottchen* (Roman für Kinder; Verlag Cecilie Dressler, Berlin, und Atrium Verlag, Zürich)

1950 *Das doppelte Lottchen* (Drehbuch; Regie: Josef von Baky). *Das doppelte Lottchen* erhält den Bundesfilmpreis

1951 Kästner Präsident des Deutschen PEN-Zentrums (West). Gründung des Kabaretts «Die kleine Freiheit» in München (Leitung: Trude Kolman). *Münchhausen* (Kinderbuch; Atrium Verlag, Zürich, und Ueberreuter Verlag, Wien). Tod von Kästners Mutter in Dresden

1952 *Die kleine Freiheit*, Chansons und Prosa von 1949–1952 (Verlag Cecilie Dressler, Berlin, und Atrium Verlag, Zürich). *Das doppelte Lottchen* als Film japanisch und englisch

1953 Umzug in München von Schwabing in den Herzogpark

1954 *Das fliegende Klassenzimmer* (Filmdrehbuch); Regie: Kurt Hoffmann (Carlton-Film). *Die Schildbürger* (Atrium Verlag, Zürich, und Ueberreuter Verlag, Wien)

1955 *Die dreizehn Monate* (Gedichte; Verlag Cecilie Dressler, Berlin, und Atrium Verlag, Zürich)

1956 *Don Quichotte* (Bilderbuch; Atrium Verlag, Zürich, und Ueberreuter Verlag, Wien). Verleihung des Literatur-Preises der Stadt München. *Die Schule der Diktatoren* (Komödie; Verlag Cecilie Dressler, Berlin, und Atrium Verlag, Zürich)

1957 *Die Schule der Diktatoren*, Komödie. Uraufführung in den Kammerspielen München (Regie: Hans Schweikart). Verleihung des Büchner-Preises in Darmstadt. Büchner-Preis-Rede. *Als ich ein kleiner Junge war* (Kindheitserinnerungen; Verlag Cecilie Dressler, Berlin, und Atrium Verlag, Zürich). Geburt des Sohnes Thomas. Mutter Fridine Siebert. Silvester: Tod des Vaters

1958 Rede zur Bücherverbrennung (zum 25. Jahrestag) auf dem PEN-Kongreß in Hamburg. Uraufführung von *Das Haus Erinnerung* (ein Vorspiel) in den Kammerspielen München (Regie: Hans Schweikart)

1960 Verleihung der Hans Christian Andersen-Medaille in Luxemburg durch das Internationale Kuratorium für das Jugendbuch. Abschluß des Buchmanuskriptes für *Notabene 45*, nach Tagebuchnotizen zwischen März 1945 und August 1945

1961 Frühjahr: *Notabene 45* (Atrium Verlag, Zürich, und Verlag Cecilie Dressler, Berlin). Im Herbst *Gulliver*, Nacherzählung für Kinder (Ueberreuter Verlag, Wien). Vier Vorlesungen in der Wiener Stadthalle. An Ischias schwer erkrankt. Einlieferung in die Medizinische Universitätsklinik München. Dort Tbc festgestellt

1962 Im Januar ins Sanatorium Agra im Tessin. Drehbuch zum Film *Liebe will gelernt sein* nach seinem Lustspiel *Zu treuen Händen*

1963 *Der Kleine Mann*, ein Roman für Kinder (Atrium Verlag, Zürich, und Verlag Cecilie Dressler, Berlin). Im Mai Rückkehr nach München. *Let's Face it*, eine Gedichtauswahl bei Jonathan Cape Ltd., London

1964 Im Januar nach Agra. 65. Geburtstag dort. August: Rückkehr nach München. Im Herbst Eröffnung der Kästner-Ausstellung des Goethe-Instituts in der Internationalen Jugendbibliothek in München

1965 Reise nach Schweden zur Eröffnung der Kästner-Ausstellung in Stockholm und Vorlesung

1966 Reise nach Dänemark zu seiner Ausstellung in Kopenhagen und Vorlesung

1974 Mai: Vorwort zu «Schmunzel-Schmöker für Kurzstreckenleser» von Luiselotte Enderle

1974 29. Juli: Erich Kästner gestorben

1981 Im Sommer gab Erich Kästners Sohn einem österreichischen Satiriker ein Interview, in dem er mitteilte, daß sein Vater nicht der Sohn von Emil Kästner, sondern vom Hausarzt der Familie, Sanitätsrat Dr. Zimmermann, sei. Dieses Familiengeheimnis war bis dahin auf den Wunsch Erich Kästners, der es aus Liebe zu seiner Mutter gewahrt wissen wollte, auch von denen respektiert worden, die bereits eingeweiht waren.

ZEUGNISSE

Friedrich Luft

Erich Kästner hat zwei große schriftstellerische Möglichkeiten. Seine scharfe, seine satirische, seine krasse Seite wendet er den Erwachsenen zu. Ihnen schlägt er auf die Finger, daß es schmerzt, während es wohltut. Ihnen schreibt er seine melancholischen, seine bissigen Verse ins Stammbuch. Ihnen predigt er Vernunft, und er tut es mit aller Unbedingtheit dessen, der seine Zeitgenossen kennt, durchschaut und trotzdem hofft, sie zur Räson bringen zu können. Es gibt kein böseres, kein Buch, das so stichhaltig pessimistisch und melancholisch wäre wie seinen *Fabian* – nach wie vor der schärfste satirische Roman seit Heinrich Mann. Seine «rosa» Bücher gehören den Kindern. Am Frühprodukt traut er dem Menschen noch alle Vernünftigkeit zu. *In: Die Welt, 2. Dezember 1957*

Hermann Mostar

Verehrter Kollege: Sie haben manches Negative über die alte Lehrerausbildung gesagt – und mit Recht. Und dennoch: Gerade wenn und weil Sie nur zweimal in der Woche Ausgang hatten und an den übrigen Nachmittagen die Übungsschüler und die Liebespärchen ihre Freiheit genießen sahen – mußten Sie nicht dann und eben deshalb Ihre Sehnsucht und Ihren Zorn niederschreiben? Blieb Ihnen etwas anderes übrig als zu schreiben? Hat also nicht auch das alte schreckliche Seminar nolens volens mitgeholfen, Sie zum Dichter zu machen?

In: Welt am Sonntag, 22. Februar 1959

Will Grohmann

Kästner gehört zu den seltenen Menschen, die trotz ihrer öffentlichen Existenz unsichtbar bleiben. Selbst wenn er «präsidiert», ist er nicht da, präsent ist die Vorstellung Kästner, die sich im Laufe der Jahre gebildet hat. Schlagfertig und mutig als Zeitgenosse, exakt und perfekt als Dichter, war er schon als Zwanziger, dabei trotz seiner Schärfe charmant und trotz seinem ausgeprägten politischen Bewußtseins human.

Zum 60. Geburtstag 1959

Theodor Heuss

Die deutschen Schriftsteller haben über diese schöpferischen Leistungen hinaus die Pflicht des Dankes für Ihr Wirken, zwischen dem geistigen Mühen in Deutschland und einem bereiten Sinn bei den anderen Nationen, verwirrte Fäden wieder zu ordnen und die Voraussetzungen kameradschaftlichen Vertrauens neu zu gründen.

Zum 60. Geburtstag 1959

Alfred Marchionini

Die Schule der Diktatoren – die haben Sie mit Ihrem Herzblut geschrieben und mit Galle, ehrlich überschäumender Galle: Gequälter, Rebell, Kritiker und Moralist, der uns zeigt, wie's war und wie's nie wieder werden darf. Dafür danken wir Ihnen, ebenso wie für Ihr unerschrockenes Eintreten gegen Atomgefahr, Atombewaffnung, Atomkrieg.

Zum 60. Geburtstag 1959

Ludwig Marcuse

Bald nach dem Krieg fragten mich junge amerikanische Germanisten, wie man ein Eßpaket an Kästner senden könne; sie wollten sich dafür bedanken, daß sie sich beim Einnehmen einer Sprache ausnahmsweise nicht zu schütteln hatten.

Zum 60. Geburtstag 1959

Robert Neumann

Sie sind ja gar nicht mehr der Herr, auf den ich schießen wollte. «Halb ein Bürgerschreck und halb ein erschrockener Bürger»? Du lieber Gott. Die Sie damals schreckten, sind heute tot, und ihre Kinder haben Sie nie erschreckt, und die sind die Männer von heute und lieben Sie immer noch. Und Sie – ein erschrockener Bürger? Wer die Rede kennt, die Sie kürzlich in Hamburg hielten, am Gedenktag der Bücherverbrennung, der weiß es anders. Es stimmt nicht mehr, Erich, es stimmt nicht mehr.

Zum 60. Geburtstag 1959

Emil Preetorius

Heiter sind Sie, frohgemut, witzig und doch ernst, versonnen, ja beschattet von einer geheimen Melancholie; geistreich sind Sie, voll subtiler, scharfsinniger Gedanken und doch einfach, klar, faßlich für Groß und Klein; ironisch sind Sie, mitunter von erkältender Reserve und doch auch gütig und jedem leidenden Mitmenschen brüderlich nahe. Diese Kontrastreihe ließe sich fortsetzen, auf andere Sphären beziehen, etwa die gesellschaftliche, politische, moralische.

Zum 60. Geburtstag 1959

Pamela Regnier-Wedekind

Auf den oft sehr verschlungenen Pfaden des täglichen Lebens erscheint Erich Kästner wie ein Junge, der Indianer spielt. Mit Moral gewappnet, getarnt mit Charme, den Tomahawk des guten Willens schwingend und die Brust von Wirklichkeitssinn geschwellt, verfolgt er behutsam und stetig die Spuren der Schicksale und Ereignisse. Humor und Poesie sind seine Begleiter, bilden mit der Hingabefähigkeit des liebenden Beobachters ein Terzett, dessen Zusammenspiel wir manche unvergeßliche Stunden verdanken.

Zum 60. Geburtstag 1959

Benno Reifenberg

Jetzt las ich Ihre Schrift [*Über das Verbrennen von Büchern*] als Nachhall und zugleich als Warnruf ins Gegenwärtige, und ich begriff, wie lange wir schon Reisekameraden sind, auf verschiedenen Wegen, doch nahe genug, um uns auf Rufweite zu halten zwischen den Felsen und im Gestrüpp.

Zum 60. Geburtstag 1959

Werner Schendell

Sie schrieben vor achtundzwanzig Jahren in der Zeitschrift unseres alten SDS einen Aufsatz über den Schriftsteller als Kaufmann. Sie haben das wahrscheinlich längst vergessen, aber ich lese ihn von Zeit zu Zeit immer einmal wieder: prägnant, scharf durchdacht, hinreißend formuliert. Archäologen müßten schon aus dieser dreiseitigen Betriebsvorschrift für Unbehauste auf einen Autor von ganz ungewöhnlicher Verdichtungskraft schließen.

Zum 60. Geburtstag 1959

Carlo Schmid

Es hat den Deutschen geschadet, daß man Sie in Ihrem Vaterlande so oft als den «Humoristen» gesehen hat – wenn auch als einen durch Melancholie geadelten – und nicht als den Moralisten, der Sie sind. Freilich – es haben ja auch schon manche bei uns geglaubt, zwischen Wilhelm Busch und Daumier Parallelen entdecken zu können ...

Zum 60. Geburtstag 1959

Ernst Schnabel

Ich war nicht viel älter als Emil, als ich den *Fabian*, und nicht viel älter als Fabian, als ich die Gedichte las. Neulich habe ich mir nun den *Emil* vom Bücherbord meiner Töchter geholt. Und alles habe ich heimlich tun müssen. Die Gründe lassen sich ausrechnen. Ich halte nichts von heimlichen Dichtern, aber die Dichter mit den heimlichen Lesern sind das Gewissen der Poesie.

Zum 60. Geburtstag 1959

Kenji Takahashi, Tokyo

Dr. Kästner wird möglicherweise von doppelt so viel japanischen Kindern gelesen wie von deutschen Kindern, denn Japan hat doppelt so viel Kinder wie Deutschland. Als ich nun einmal in Ebenhausen bei München (nicht in Bogenhausen, wo der Dichter wohnt) einen deutschen Knaben fragte, was er von Kästner am liebsten lese, kannte er zufällig, zu meiner großen Verwunderung, kein Werk von Kästner. In Japan habe ich nie so ein Erlebnis gehabt. Freilich bin ich sehr vorsichtig beim Fragen. Also wird Kästner bei uns von Kindern sehr viel gelesen, aber auch von Nichtkindern, sogar von blinden Erwachsenen. Denn meine Übersetzung von *Als ich ein kleiner Junge war*, die teilweise in einer japanischen Zeitschrift erschien, wurde sofort in die Blindenschrift übertragen.

Zum 60. Geburtstag 1959

Hermann Kesten

Kästner analysiert sein Land und sich selber, mitten in der erzpathetischen Epoche, schreibt er scheinbar nüchterne moralische Maximen. Da ihm seine Landsleute sogar das Wort im Mund gestohlen oder gefesselt hatten, stenographiert er Maximen, die noch nach sechzehn Jahren wie Todesurteile wirken, aber wie die Todesurteile eines Pazifisten, der nur moralisch aburteilt, aber nicht einmal einer Fliege das Leben nehmen wollte, geschweige einem lebenden Menschen.

In: Süddeutsche Zeitung, 22./23. Juli 1961

James Krüss

Nicht wenige Leute halten den Autor des *Fabian* für das genaue Gegenteil. Dann wird immer wieder einmal die alte Frage gestellt: «Wo bleibt das Positive, Herr Kästner?» Die Leute merken nicht, daß, was Zynismus scheint, Verzweiflung ist, Verzweiflung als enttäuschte Liebe. Kästner liebt die Menschen. (Sonst schrieb er seine Romane für Kinder nicht.) Dieser scheinbare Zyniker besitzt Eigenschaften, die mancher Leser nicht bei ihm vermutet: Redlichkeit, Herzlichkeit, Hilfsbereitschaft, eine ausgeprägte Kollegialität und Treue gegen sich und andere.

In: Christ und Welt, 21. Februar 1964

AUSWAHLBIBLIOGRAPHIE

von Franz Josef Görtz, Anja Johann und Hans Sarkowicz (Stand: 1998)

A. Werke

1. Werkausgaben

Gesammelte Schriften. 7 Bde. Vorwort von Hermann Kesten. Zürich: Atrium 1959; Berlin: Cecilie Dressler 1959; Köln: Kiepenheuer & Witsch 1959

Bd. 1: Gedichte
Bd. 2, 3: Romane
Bd. 4: Theater
Bd. 5: Vermischte Beiträge
Bd. 6, 7: Romane für Kinder

Gesammelte Schriften für Erwachsene. 8 Bde. Zürich: Atrium 1969; München: Droemer/Knaur 1969

Bd. 1: Gedichte
Bd. 2: Romane I
Bd. 3: Romane II
Bd. 4: Romane III
Bd. 5: Theater
Bd. 6: Vermischte Beiträge I
Bd. 7: Vermischte Beiträge II
Bd. 8: Vermischte Beiträge III

Werke in neun Bänden. Hg. von Franz Josef Görtz. München: Carl Hanser 1999

Bd. 1: Gedichte. Hg. von Harald Hartung in Zusammenarbeit mit Nicola Brinkmann
Bd. 2: Chansons, Kabarett, Kleine Prosa. Hg. von Hermann Kurzke in Zusammenarbeit mit Lena Kurzke
Bd. 3: Romane I. Hg. von Beate Pinkerneil
Bd. 4: Romane II. Hg. von Helmuth Kiesel in Zusammenarbeit mit Sabine Franke und Roman Luckscheiter
Bd. 5: Theater, Hörspiel, Film. Hg. von Thomas Anz
Bd. 6: Publizistik. Hg. von Hans Sarkowicz und Franz Josef Görtz in Zusammenarbeit mit Anja Johann
Bd. 7: Romane für Kinder I. Hg. von Franz Josef Görtz in Zusammenarbeit mit Anja Johann
Bd. 8: Romane für Kinder II. Hg. von Franz Josef Görtz in Zusammenarbeit mit Anja Johann
Bd. 9: Nacherzählungen. Hg. von Sybil Gräfin Schönfeld

2. Einzelne Werke

a. Gedichte

Herz auf Taille. Leipzig, Wien: Curt Weller & Co. 1928
Lärm im Spiegel. Leipzig, Wien: Curt Weller & Co. 1929
Ein Mann gibt Auskunft. Stuttgart, Berlin: Deutsche Verlags-Anstalt 1930
Gesang zwischen den Stühlen. Stuttgart, Berlin: Deutsche Verlags-Anstalt 1932

Doktor Erich Kästners lyrische Hausapotheke. Ein Taschenbuch. Enthält alte und neue Gedichte des Verfassers für den Hausbedarf der Leser. Nebst einem Vorwort und einer nutzbringenden Gebrauchsanweisung samt Register. Basel, Wien, Mährisch-Ostrau: Atrium 1936

Bei Durchsicht meiner Bücher. Eine Auswahl aus vier Versbänden. Zürich: Atrium 1946

Kurz und bündig. Epigramme. Olten: Vereinigung Oltner Bücherfreunde 1948; Erw. Ausg. Zürich: Atrium 1950

Die dreizehn Monate. Zürich: Atrium 1955; Berlin: Cecilie Dressler 1955

Wieso warum? Ausgewählte Gedichte 1928–1955. Berlin: Aufbau Verlag 1962

b. Chansons, Kabarett Kleine Prosa

Der tägliche Kram. Chansons und Prosa 1945–1948. Singen: Oberbadischer Verlag 1948; Zürich: Atrium 1949

Die kleine Freiheit. Chansons und Prosa 1949–1952. Zürich: Atrium 1952; Berlin: Cecilie Dressler 1952

c. Romane und Erzählungen

Fabian. Die Geschichte eines Moralisten. Stuttgart, Berlin: Deutsche Verlags-Anstalt 1931

Drei Männer im Schnee. Eine Erzählung. Zürich: Rascher & Cie. 1934

Die verschwundene Miniatur oder auch Die Abenteuer eines empfindsamen Fleischermeisters. Basel, Wien, Mährisch-Ostrau: Atrium 1936

Georg und die Zwischenfälle. Basel, Mährisch-Ostrau: Atrium 1938; Neuaufl. u. d. T.: Der kleine Grenzverkehr oder Georg und die Zwischenfälle. Zürich: Atrium 1949; Köln, Hagen: Kiepenheuer 1949

Interview mit dem Weihnachtsmann. Kindergeschichten für Erwachsene. Hg. von Franz Josef Görtz und Hans Sarkowicz. München: Carl Hanser 1998

d. Theater, Hörspiel, Oper

Leben in dieser Zeit
Theaterausgabe. Berlin / Stuttgart: Chronos / Bühnenvertrieb der Deutschen Verlags-Anstalt 1930

Emil und die Detektive
Theaterausgabe. Berlin / Stuttgart: Chronos / Bühnenvertrieb der Deutschen Verlags-Anstalt 1932

Pünktchen und Anton
Theaterausgabe. Berlin / Stuttgart: Chronos / Bühnenvertrieb der Deutschen Verlags-Anstalt 1931

Das lebenslängliche Kind (unter d. Pseudonym «Robert Neuner»)
Ein Lustspiel in vier Akten
Bühnenausgabe: Berlin / Stuttgart: Chronos / Bühnenvertrieb der Deutschen Verlags-Anstalt 1934

Zu treuen Händen. Eine Komödie (unter d. Pseudonym «Melchior Kurtz»)
Bühnenausgabe: Hamburg: Chronos-Verlag Martin Mörike o. J. [1948]

Chauvelin oder Lang lebe der König [Fragment]
Erstdruck: Gesammelte Schriften, Bd. 4
Die Schule der Diktatoren
Bühnenausgabe: Berlin-Friedenau: Atrium-Bühnenvertrieb Elfriede Mechnig 1955/56
Erstausgabe: Die Schule der Diktatoren. Eine Komödie in neun Bildern. Zürich: Atrium 1956; Berlin: Cecilie Dressler 1956
Das Haus Erinnerung [Fragment]
Erstdruck: Gesammelte Schriften, Bd. 4

e. Wissenschaft, Publizistik

Friedrich der Große und die deutsche Literatur. Die Erwiderungen auf seine Schrift «De la littérature allemande». Geleitwort von Walter Müller-Seidel. Stuttgart/Berlin/Köln/Mainz: Kohlhammer 1972
Gemischte Gefühle. Literarische Publizistik aus der «Neuen Leipziger Zeitung» 1923–1933. Hg. von Alfred Klein. 2 Bde. Berlin: Aufbau 1989; Zürich: Atrium 1990

f. Kinder- und Jugendbücher

Emil und die Detektive. Ein Roman für Kinder. Berlin: Williams & Co. 1929
Arthur mit dem langen Arm. Kinderverse. Berlin: Williams & Co. 1930
Das verhexte Telefon. Ein Bilderbuch in Versen. Berlin: Williams & Co. 1930
Pünktchen und Anton. Ein Roman für Kinder. Berlin: Williams & Co. 1931
Der 35. Mai oder Konrad reitet in die Südsee. Berlin: Williams & Co. 1931
Das fliegende Klassenzimmer. Ein Roman für Kinder. Stuttgart: Perthes [Deutsche Verlags-Anstalt] 1933
Emil und die drei Zwillinge. Die zweite Geschichte von Emil und den Detektiven. Zürich: Atrium 1935
Till Eulenspiegel. Zwölf seiner Geschichten frei nacherzählt. Zürich: Atrium 1938
Die Konferenz der Tiere. Ein Buch für Kinder und Kenner. Nach einer Idee von Jella Lepman. Zürich: Europa 1949, München: Kurt Desch 1949
Das doppelte Lottchen. Ein Roman für Kinder. Zürich: Atrium 1949
Der gestiefelte Kater. Nacherzählt. Zürich: Atrium 1950
Des Freiherrn von Münchhausen wunderbare Reisen und Abenteuer zu Wasser und zu Lande. Nacherzählt. Zürich: Atrium 1951
Die Schildbürger. Nacherzählt. Zürich: Atrium 1954
Leben und Taten des scharfsinnigen Ritters Don Quichotte. Nacherzählt. Zürich: Atrium 1956
Als ich ein kleiner Junge war. Zürich: Atrium 1957
Gullivers Reisen. Nacherzählt. Zürich: Atrium 1961
Das Schwein beim Friseur und anderes. Zürich: Atrium 1962
Der kleine Mann. Zürich: Atrium 1963
Der kleine Mann und die kleine Miss. Zürich: Atrium 1967

g. Übersetzungen

James Matthew Barrie: Peter Pan oder Das Märchen vom Jungen, der nicht groß werden wollte. Ein Stück in fünf Akten. Berlin: Felix Bloch Erben o. J. [1951]. UA: 21. 4. 1952, Brunnenhoftheater München, Regie: Bruno Hübner
Thomas Stearns Eliot: Old Possums Katzenbuch. Englisch und Deutsch. Berlin/Frankfurt a. M.: Suhrkamp 1952

h. Briefe, Autobiographisches

Notabene 45. Ein Tagebuch. Zürich: Atrium 1961; Berlin: Cecilie Dressler 1961
Briefe aus dem Tessin. Mit einem Vorwort von Horst Lemke. Zürich: Arche 1977
Mein liebes, gutes Muttchen, Du: Dein oller Junge. Briefe und Postkarten aus 30 Jahren. Ausgew. und eingel. von Luiselotte Enderle. Hamburg: Albrecht Knaus 1981

i. Vorworte, Nachworte

Eduard Möricke: Novellen und Märchen. Textrevision u. Nachwort: Erich Kästner. Leipzig: Fikentscher Verlag o. J.
Robert Adolf Stemmle: Ja, ja, ja, ach ja, 's ist traurig, aber wahr. Küchenlieder-Album. Vorw. von Erich Kästner. Berlin: Eduard Bloch 1931
Kurt Tucholsky: Gruß nach vor. Eine Auswahl. Hg. u. Nachw. von Erich Kästner. Stuttgart/Hamburg: Rowohlt 1946
Hermann Kesten: Glückliche Menschen. Roman. Mit einem Vorw. von Erich Kästner. Kassel: Schleber 1948
Paul Hazard: Kinder, Bücher und große Leute. Vorw. von Erich Kästner. Hamburg: Hoffmann & Campe 1952
Hermann Kesten: Copernicus und seine Welt. Biographie. Einf. von Erich Kästner. München/Basel: Kurt Desch 1953
Paul Junker: Kindertage/Kinderseelen. Eingel. von Erich Kästner. Bonn: Athenäum 1956
Paul Flora: Menschen und andere Tiere, an die Leine genommen von Erich Kästner. München: Piper 1957
Heiteres von E. O. Plauen. Hg. und Vorw. von Erich Kästner. Hannover: Fackelträger 1957
Heiterkeit in Dur und Moll. Deutscher Humor der Gegenwart in Wort und Bild. Eingel. u. ges. von Erich Kästner. Hannover: Fackelträger 1958
Heiteres von Walter Trier. Hg. von Erich Kästner. Hannover: Fackelträger 1959
O diese Katzen. Geschildert in 34 Fotos. Eingel. von Erich Kästner. Frankfurt a. M.: Umschau 1959
Hermann Kesten: Bücher der Liebe. Die Romane: Joseph sucht die Freiheit, Glückliche Menschen, Die Kinder von Gernika, Die Fremden Götter. Eingel. von Erich Kästner. Wien/Basel/München: Kurt Desch 1960
Heiterkeit kennt keine Grenzen. Ausländischer Humor der Gegenwart in Wort und Bild. Eingel. von Erich Kästner. Hannover: Fackelträger 1960
Clara Asscher-Pinkhoff: Sternkinder. Vorw. von Erich Kästner. Berlin: Cecilie Dressler 1961

Heiterkeit braucht keine Worte. Humor der Welt im Bild. Eingel. und ges. (?) von Erich Kästner. Hannover: Fackelträger 1962
E. G. Linfield/E. Larsen: England vorwiegend heiter. Kleine Literaturgeschichte des britischen Humors. Vorw. von Erich Kästner. München: Bassermann 1962
Heiterkeit in vielen Versen. Eingel. von Erich Kästner. Hannover: Fackelträger 1965
Martin Morlock: Regeln für Spielverderber. Vorw. von Erich Kästner. München/Bern: Scherz 1967
Das große Trier-Buch. Hg. von Lothar Lang. Vorw. von Erich Kästner. München/Zürich: Piper 1974
Bücher voll guten Geistes. 1924 bis 1964. 40 Jahre Büchergilde Gutenberg. Prolog von Erich Kästner. Frankfurt a. M.: Büchergilde Gutenberg 1964

B. Forschungsliteratur

1. Bibliographien

Eich, Hans: Bibliographie. In: Erich Kästner. Leben und Werk. Ausstellung des Goethe-Instituts. München 1964. S. 21–53
Lämmerzahl-Bensel, Uta (Hg.): Erich Kästner. Eine Personalbibliographie. Gießen 1988
Die Sammlung Georg Sauer. Eine bibliographische Beschreibung. In: EK 1899 bis 1989. Zum 90. Geburtstag Erich Kästners zeigt die Stadt- und Universitätsbibliothek Frankfurt am Main die Sammlung Georg Sauer. Begleitheft hg. v. d. Gesellschaft der Freunde der Stadt- und Universitätsbibliothek. Frankfurt a. M. 1989, S. 99–141
Erich Kästner und Walter Trier. Eine fast vollständige Büchersammlung & Bibliographie der beiden Moralisten und Menschenkenner. Heidelberg 1994 (Katalog des Antiquariats Hatry, Nr. 5: Dez. 1994)

2. Monographien

a. Übergreifende Fragestellungen

Bäumler, Marianne: Die aufgeräumte Wirklichkeit des Erich Kästner. Köln 1984
Benson, Renate: Erich Kästner. Studien zu seinem Werk. Bonn 1973
Beutler, Kurt: Erich Kästner. Eine literaturpädagogische Untersuchung. Weinheim/Berlin 1967
Biedermann, Walter: Die Suche nach dem Dritten Weg. Linksbürgerliche Schriftsteller am Ende der Weimarer Republik. Heinrich Mann, Alfred Döblin, Erich Kästner. Frankfurt a. M. 1981, S. 177–228
Bossmann, Reinaldo: Erich Kästner. Werk und Sprache. Curitiba (Brasilien) 1955
Drouve, Andreas: Erich Kästner – Moralist mit doppeltem Boden. Marburg 1993
Görtz, Franz Joseph, und Hans Sarkowicz: Erich Kästner. Eine Biographie. München 1998
Kiesel, Helmuth: Erich Kästner. München 1981
Leibinger-Kammüller, Nicola: Aufbruch und Resignation. Erich Kästners Spätwerk 1945–1967. Zürich 1988

Mank, Dieter: Erich Kästner im nationalsozialistischen Deutschland 1933–1945: Zeit ohne Werk? Bern 1981
Schneyder, Werner: Kästner: ein brauchbarer Autor. München 1982
Walter, Dirk: Zeitkritik und Idyllensehnsucht: Erich Kästners Frühwerk (1928 bis 1933) als Beispiel linksbürgerlicher Literatur in der Weimarer Republik. Heidelberg 1977
Wolff, Rudolf (Hg.): Erich Kästner. Werk und Wirkung. Bonn 1983

b. Monographien und Rezensionen zu einzelnen Werkaspekten
Lyrik

Bab, Julius: «Gebrauchslyrik». Mehring und Kästner. In: J. Bab: Über den Tag hinaus. Kritische Betrachtungen. Ausgew. und hg. von Harry Bergholz. Heidelberg/Darmstadt 1960, S. 118–124 [zuerst 1931]
Benjamin, Walter: Gebrauchslyrik? Aber nicht so! In: W. Benjamin: Gesammelte Schriften, Bd. III. Frankfurt a. M. 1972, S. 183–184 [zuerst 1929]
–: Linke Melancholie. Zu Erich Kästners neuem Gedichtbuch. In: W. Benjamin: Gesammelte Schriften, Bd. III. Frankfurt a. M. 1972, S. 279–283 [zuerst 1929]
Frank, Rudolf: Gesang zwischen den Stühlen. In: Die Literatur 35 (1932/33), S. 172
Horst, Karl-August: Erich Kästner: Naivität und Vernunft. In: Merkur 13 (1959), S. 1175–1187
Klotz, Volker: Lyrische Anti-Genrebilder. Notizen zu neusachlichen Gedichten Erich Kästners. In: Walter Müller-Seidel (Hg.) in Verb. mit Hans Fromm und Karl Richter: Historizität in Sprach- und Literaturwissenschaft. München 1974, S. 479–495
Michelsen, Peter: Die Trauer des Utopisten. Zur Gebrauchslyrik Erich Kästners. In: P. Michelsen: Zeit und Bindung. Studien zur deutschen Literatur der Moderne. Göttingen 1976, S. 162–167 [kürzere Fassung zuerst 1952]
Müller, Dieter Alpheo: Kästners Lyrik für die Schule. In: Rudolf Wolff (Hg.): Erich Kästner. Werk und Wirkung. Bonn 1983, S. 37–43
Posdzech, Dieter: Funktionsdominanzen der Antikriegslyrik Kurt Tucholskys, Erich Weinerts und Erich Kästners in den Jahren der Weimarer Republik. In: Helmut Müssener (Hg.): Anti-Kriegsliteratur zwischen den Kriegen (1919 bis 1939) in Deutschland und Schweden. Stockholm 1987, S. 61–80
Schweickert, Alexander: Notizen zu den Einflüssen Heinrich Heines auf die Lyrik von Kerr, Klabund, Tucholsky und Erich Kästner. In: Heine-Jahrbuch 8 (1969), S. 69–107
Seidel, Gerhard: Links vom Möglichen. Zur Lyrik Erich Kästners. In: Rudolf Wolff (Hg.): Erich Kästner. Werk und Wirkung. Bonn 1983, S. 61–69 [zuerst 1968]

Romane und Erzählungen für Erwachsene

Améry, Jean: Apropos «Haltung» und «Zersetzung». Über Rudolf G. Binding, Hans Carossa, Erich Kästner, Hermann Kesten und Ernst Glaeser. In: Bücher aus der Jugend unseres Jahrhunderts. Stuttgart 1981, S. 65–79
Andersch, Alfred: «Fabian» wird positiv. In: Gerd Haffmans (Hg.): Das Alfred Andersch-Lesebuch. Zürich [2]1989, S. 135–137 [zuerst 1946]

Arnheim, Rudolf: Moralische Prosa [Fabian]. In: Die Weltbühne 27 (1931), S. 787–790

Daniels, Karlheinz: Erich Kästner als Sprach- und Gesellschaftskritiker, dargestellt an seiner Verwendung sprachlicher Schematismen. In: Hugo Aust (Hg.): Wörter. Schätze, Fugen und Fächer des Wissens. Festgabe für Theodor Lewandowski zum 60. Geburtstag. Tübingen 1987, S. 191–206

Hesse, Hermann: «Fabian». In: Alter Michels (Hg.): Eine Literaturgeschichte in Rezensionen und Aufsätzen. Bd. 2. Frankfurt a. M. 1970, S. 550 [zuerst 1932]

Kesten, Hermann: Abrechnung mit der Moral [Fabian]. In: Tagebuch 12 (1931), S. 1833–1834

Ladenthin, Volker: Erich Kästners Bemerkungen über den Realismus in der Prosa. Ein Beitrag zum poetologischen Denken Erich Kästners und der Theorie der Neuen Sachlichkeit. In: Wirkendes Wort 38 (1988), S. 62–77

Lethen, Helmut: Kästners «Fabian» oder Die Karikatur der freischwebenden Intelligenz. In: H. Lethen: Neue Sachlichkeit 1924–1932. Studien zur Literatur des «Weißen Sozialismus». Stuttgart [2]1975, S. 142–155

Mayer, Hans: Beim Wiederlesen des «Fabian» von Erich Kästner. In: Rudolf Wolff (Hg.): Erich Kästner. Werk und Wirkung. Bonn 1983, S. 91–94 [zuerst 1947]

Schwarz, Egon: Erich Kästners «Fabian». Die Geschichte eines Moralisten. Fabians Schneckengang im Kreise. In: E. Schwarz: Romane des 20. Jahrhunderts, Bd. 1. Stuttgart 1933, S. 236–258 [zuerst 1975]

Spiel, Hilde: Ein Lehrbuch der Nation. Erich Kästners «Fabian». In: H. Spiel: In meinem Garten schlendernd. Essays. München 1981, S. 317–324

Literatur für Kinder

Angress, Ruth K.: Erich Kästners Kinderbücher kritisch gesehen. In: Paul Michael Lützeler (Hg.): Zeitgenossenschaft. Zur deutschsprachigen Literatur im 20. Jahrhundert. Festschrift für Egon Schwarz zum 85. Geburtstag. Frankfurt a. M. 1987, S. 91–102

Binder, Alwin: Sprachlose Freiheit? Zum Kommunikationsverhalten in Erich Kästners «Das fliegende Klassenzimmer». In: Diskussion Deutsch 11 (1980), S. 290–306

Breul, Elisabeth-Charlotte: Die Jugendbücher Erich Kästners. In: Studien zur Jugendliteratur 4 (1958), S. 28–79

Doderer, Klaus: Erich Kästners «Emil und die Detektive». Gesellschaftskritik in einem Kinderroman. In: Rudolf Wolff (Hg.): Erich Kästner. Werk und Wirkung. Bonn 1983, S. 104–116 [zuerst 1969]

–: Solidarität oder Untertanengeist. Zu Erich Kästners «Emil und die Detektive» und Wilhelm Speyers «Der Kampf der Tertia». In: K. Doderer: Klassische Kinder- und Jugendbücher. Kritische Betrachtungen. Weinheim 1959, S. 35–54

Gay, Peter: Psychoanalyse und Geschichte – oder Emil und die Detektive. In: Wissenschaftskolleg. Jahrbuch 1983/84. Berlin 1984, S. 135–144

Grenz, Dagmar: Erich Kästners Kinderbücher in ihrem Verhältnis zu seiner Literatur für Erwachsene. Am Beispiel eines Vergleichs zwischen «Fabian» und «Pünktchen und Anton». In: Maria Lypp (Hg.): Literatur für Kinder. Göttingen 1977, S. 155–169

Heilbron, Ernst: Das illustrierte Kinderbuch [Emil und die Detektive]. In: Die Literatur 32 (1929/30), S. 559
Kirsch, Petra: Erich Kästners Kinderbücher im geschichtlichen Wandel. Eine literaturhistorische Untersuchung. Diss. München (Selbstverlag) 1986
Loos, Anna: Vier neue Kinderbücher. In: Dieter Richter (Hg.): Das politische Kinderbuch. Darmstadt/Neuwied 1973, S. 266–271 [zuerst 1931]
Mann, M.: «Emil und die Detektive». In: Kunst und Kritik 24 (1930), S. 93–94
Rodrian, Fred: Notizen zu Erich Kästners Kinderbüchern. In: Neue deutsche Literatur 8 (1960), S. 117–129
Schneider-Schelde, Rudolf: «Das fliegende Klassenzimmer». In: Die Literatur 36 (1933/34), S. 295–296
Wirsing, Sybille: Das Geheimnis des doppelten Blicks. «Emil und die Detektive» (1929). In Marcel Reich-Ranicki (Hg.): Romane von gestern heute gelesen. Bd. 2 (1918–1933). Frankfurt a. M. 1989, S. 187–193
Zucker, Wolf: Erich Kästner schreibt ein Kinderbuch [Emil und die Detektive]. In: Die Weltbühne 48 (1929), S. 822–823

Publizistik

Ebbert, Birgit: Erziehung zu Menschlichkeit und Demokratie. Erich Kästner und seine Zeitschrift «Pinguin» im Erziehungsgefüge der Nachkriegszeit. Frankfurt a. M. 1994
Zonneveld, Johan: Erich Kästner als Rezensent 1923–1933. Frankfurt a. M. 1991

Biographische Schriften

Carsten, Catarina: «Mein liebes, gutes Muttchen, Du!». In: Neue deutsche Hefte 29 (1982), S. 610–611
Dallmann, Günther: Erich Kästner, «Als ich ein kleiner Junge war». In: Moderna sprak 1959, S. 436–439
Kiesel, Helmuth: Mal Daumen und Ohren steif halten. «Mein liebes, gutes Muttchen, Du: Dein oller Junge». Erich Kästners Briefe an seine Mutter. In: Stuttgarter Zeitung, 1. August 1981, S. 50
Schönfeldt, Sybil Gräfin: Nicht mehr oder noch nicht. Erich Kästners Tagebuch aus dem Jahre 0. In: Die Zeit, 23. Juni 1961, S. 12
Schwarz, Egon: Hast du noch Lebertran? Erich Kästners Briefe und Postkarten an seine Mutter. In: Frankfurter Allgemeine Zeitung, 15. August 1981, Beilage S. 5

Theater, Film, Kabarett

Baer, Volker: Im Widerspruch zur Zeit. Zur Wiederaufführung des Films «Münchhausen» von 1942/43. In: Der Tagesspiegel, 25. Juni 1978, S. 5
Conrad, Andreas: Münchhausens stumpfe Spitzen gegen die Inquisition. In: Der Tagesspiegel, 5. November 1989, S. 42
Drews, Wolfgang: Kästners politische Hausapotheke. Die «Schule der Diktatoren» in den Münchener Kammerspielen. In: Frankfurter Allgemeine Zeitung, 28. Februar 1957
Herchenröder, Jan: Gutes Kabarett in schlechter Zeit. Was Erich Kästner dafür tat.

In: Rudolf Wolff (Hg.): Erich Kästner. Werk und Wirkung. Bonn 1983, S. 44 bis 52
Horvart, Dragutin: Des Kaisers abgewetzte Kleider. Diktaturen und Diktatoren bei Kästner, Dürrenmatt und Bernhard. In: Zagreber germanistische Beiträge 2 (1993), S. 111–122
Lutz-Kopp, Elisabeth: «Nur wer Kind bleibt ..». Erich Kästner-Verfilmungen. Frankfurt a. M. 1993
Scholdt, Günter, u. Dirk, Walter: Parallelen bei Erich Kästner und Friedrich Dürrenmatt. In: Études Germaniques 36 (1981), S. 198–212
Tornow, Ingo: Erich Kästner und der Film. München 1989

3. Porträts, Würdigungen, Interviews

Ahl, Herbert: Urenkel der Aufklärung. Erich Kästner. In: H. Ahl: Literarische Portraits. München/Wien 1962, S. 144–151 [zuerst 1959]
Améry, Carl: Das Dilemma des wachsamen Schulmeisters. In: Frankfurter Hefte 12 (1957), S. 444–445
Bemmann, Helga: Humor auf Taille: Erich Kästner. Leben und Werk. Berlin (Ost) 1983
Buhl, Wolfgang: Warum ich nichts auf Erich Kästner kommen lasse. In: Tribüne 8 (1969), S. 3171–3177
Christ, Richard: Erich Kästner zum 75. Geburtstag. In: Die Weltbühne Berlin (Ost) 9 (1974), S. 285–286
Dürrenmatt, Friedrich: Der unvernebelte Deutsche. In: Frankfurter Allgemeine Zeitung, 23. Februar 1974
Edschmid, Kasimir: Rede auf den Preisträger. Georg-Büchner-Preis. In: Jahrbuch 1957 der Deutschen Akademie für Sprache und Dichtung Darmstadt. Heidelberg/Darmstadt 1958, S. 77–82
Enderle, Luiselotte: Vier Stationen. Dresden, Leipzig, Berlin, München – Und eine Krankenstation: Lugano. In: E. Kästner: Gesammelte Schriften für Erwachsene in 8 Bdn. Bd. 8. Zürich/München 1969, S. 345–376
Fallada, Hans: Auskunft über den Mann Kästner. In: Rudolf Wolff (Hg.): Erich Kästner. Werk und Wirkung. Bonn 1983, S. 54–60 [zuerst 1931]
Fehse, Willi: Ein Moralist aus Liebe. Erich Kästner zum 75. Geburtstag. In: Der Literat 16 (1974), S. 29–30
Flothow, Matthias: Erich Kästner. Ein Moralist aus Dresden. Leipzig ^{2}1996
Harich, Wolfgang: Erich Kästner wird fünfzig. In: Die Weltbühne Berlin (Ost). N. F. 4 (1949), S. 293–297
Kamnitzer, Heinz: Empörung zwischen den Fronten? In: H. Kamnitzer: Das Testament des letzten Bürgers. Essays und Polemiken. Berlin/Weimar 1973, S. 219–232 [zuerst 1962 u. d. T.: Es gibt nichts Gutes, außer: man tut es]
Kesten, Hermann: Erich Kästner. In: H. Kesten: Meine Freunde die Poeten. München 1959, S. 353–390 [zuerst 1959, Taschenbuch 1964]
Kordon, Klaus: Die Zeit ist kaputt. Die Lebensgeschichte des Erich Kästner. Weinheim 1995
Kranz, Gisbert: Erich Kästner: Ganz vergebliches Gelächter. Bamberg 1972
Krüss, James: Stilist und Menschenfreund. Anmerkungen eines jüngeren Kollegen zu Erich Kästners 65. Geburtstag. In: J. Krüss: Naivität und Kunstverstand.

Gedanken zur Kinderliteratur. Weinheim/Berlin/Basel ²1970, S. 126–129 [zuerst 1964]
Ledig, Eva-Maria: Hans-Christian-Andersen-Medaille 1960. In: Jugendliteratur 6 (1960), S. 422–423
Lennartz, Franz: Kästner, Erich. In: Lennartz: Die Dichter unserer Zeit. Einzeldarstellungen zur deutschen Dichtung der Gegenwart. Stuttgart ⁵1952, S. 230–233
Lepman, Jella: Rede zur Verleihung des Hans-Christian-Andersen-Preises 1960 an Erich Kästner. Internationales Kuratorium für das Jugendbuch. Luxemburg 1960
Mann, Klaus: Erich Kästner. In: Das Neue Tagebuch 41 (1934), S. 981–982
Mendelssohn, Peter de: Dem Andenken eines Weggenossen. In: P. de Mendelssohn: Unterwegs mit Reiseschatten. Essays. Frankfurt a. M. 1977, S. 142–149
Pross, Harry: Die Therapie zu weit treiben: Erich Kästner. In: H. Pross: Die Söhne der Kassandra. Versuch über deutsche Intellektuelle. Stuttgart/Berlin/Köln 1971, S. 109–120
Reich-Ranicki, Marcel: Erich Kästner, der Dichter der kleinen Freiheit. In: M. Reich-Ranicki: Nachprüfung. Aufsätze über deutsche Schriftsteller von gestern. München/Zürich 1977, S. 245–254 [zuerst 1974, Taschenbuch 1984, erw. Neuausg. ⁶1993]
Roch, Herbert: Erich Kästner. In: H. Roch: Schriftsteller als Richter ihrer Zeit. Berlin 1947, S. 137–141
Rühmkorf, Peter: Rationalist und Romantiker. Verteidigung von Kästners linker Melancholie. In: EK 1899–1989. Zum 90. Geburtstag Erich Kästners zeigt die Stadt- und Universitätsbibliothek Frankfurt am Main die Sammlung Georg Sauer. Begleitheft hg. v. d. Gesellschaft der Freunde der Stadt- und Universitätsbibliothek Frankfurt am Main 1989, S. 27–38 [zuerst 1979]
Schwarz, Egon: Die strampelnde Seele. Erich Kästner in seiner Zeit. In: E. Schwarz: Dichtung, Kritik, Geschichte. o. O. 1983, S. 149–171 [zuerst 1970]
Wagener, Hans: Erich Kästner. Berlin ²1984

NAMENREGISTER

Die kursiv gesetzten Zahlen bezeichnen die Abbildungen

ÜBER DIE AUTORIN

Luiselotte (eig. Louise Babette) Enderle, 29. Januar 1908 bis 3. November 1991, seit 1944 Lebensgefährtin Erich Kästners, Namensgeberin des «Doppelten Lottchens». Journalistin, in den dreißiger Jahren Chefredakteurin der Frauenzeitschrift «Hella», nach dem Krieg in München Mitarbeiterin der «Neuen Zeitung», später freiberuflich. Schrieb Drehbücher (u. a. «Das Wirtshaus im Spessart»), gab mit und ohne E. K. zahlreiche Anthologien heraus. Bis zuletzt im Präsidium der Erich-Kästner-Gesellschaft in München.

Dieser Monographie liegt außer gründlichem Quellenstudium ein sehr eingehendes Interview mit dem Schriftsteller Erich Kästner zugrunde.

Natürlich wurde auch nach Frauenbeziehungen gefragt. Erich Kästner lehnte ab, jemals darüber zu sprechen. Das verbiete ihm die Diskretion.

So tritt an Weiblichkeit nur in Erscheinung, was offiziell in Erscheinung trat.

Die Autorin

QUELLENNACHWEIS DER ABBILDUNGEN

Axel Arens: 6 / Sammlung Luiselotte Enderle: 10/11 / Privat-Archiv Kästner: 14, 15, 16, 17, 18/19, 20, 21, 22, 24, 25, 27, 28, 30, 32, 33, 34 oben, 34 unten, 36, 37, 38, 41 unten, 43, 45, 46, 47, 53, 55 unten, 58, 59, 66, 72, 76 oben, 76 unten, 77, 83, 84 unten, 87, 98, 112, 119, 123, 127 oben, 127 unten, 130 / Stadtgeschichtliches Museum, Leipzig: 41 oben / Ullstein-Bilderdienst: 42, 44, 52 unten, 64/65, 68, 75 / Photo Hein Gorny: 52 oben / Photo Hubmann: 55 oben / Theaterwissenschaftliches Archiv Dr. Steinfeld: 57 unten / Photothek Berlin: 57 oben / Photo Mairinger, Kitzbühel: 60 / Photo Hugo Erfuhrt: 67 / Marigard Klumbies-Ohser, Karlsruhe: 69 / Photo Hans Hruschka, Mayrhofen: 79 / Photo Hans Schürer: 82 / Photo Keystone: 84 oben / Photo Fritz Eschen: 88 / Photo Richard Peter: 89 / Photo Felicitas Timpe, München: 94, 101, 107 / Photo Hansi Koebner: 95 / Photo Fosch: 96 / Bayerische Staatsgemäldesammlungen: 103 / Photo Gerhart Ritter: 105, 110 / Photo Barbara Niggl: 104, 117, 132 / Photo Chaval, Paris: 114 oben, 114 unten / Photo Hildegard Steinmetz: 115 / Photo Engelberger-Stans: 125 / Photo Stefan Moses: 129 / Süddeutscher Verlag: Umschlagrückseite.

ERICH KÄSTNER

NOTABENE 45
Ein Tagebuch

DOKTOR ERICH KÄSTNERS
LYRISCHE HAUSAPOTHEKE
Alte und neue Gedichte für den Hausbedarf

BEI DURCHSICHT MEINER BÜCHER
Auswahl aus 4 Versbänden

DIE VERSCHWUNDENE MINIATUR
Roman

DIE KLEINE FREIHEIT
Chansons und Prosa 1945–48

DER TÄGLICHE KRAM
Chansons und Prosa 1949–52

DIE SCHULE DER DIKTATOREN
Komödie

DIE 13 MONATE
Gedichte

FABIAN
Roman

DER KLEINE GRENZVERKEHR
Ein Salzburgroman

DREI MÄNNER IM SCHNEE
Roman

KURZ UND BÜNDIG
Epigramme

☆

Jugendbücher

ALS ICH EIN KLEINER JUNGE WAR

DAS DOPPELTE LOTTCHEN

EMIL UND DIE DETEKTIVE

EMIL UND DIE DREI ZWILLINGE

PÜNKTCHEN UND ANTON

DAS FLIEGENDE KLASSENZIMMER

DER 35. MAI

DER KLEINE MANN

DER KLEINE MANN UND DIE KLEINE MISS

☆

GESAMMELTE SCHRIFTEN
in 7 Bänden